W0176679

Edel[illegible] Heinrich

© Verlag Zabert Sandmann
München
4. Auflage 2006
ISBN 3-89883-117-5

Grafische Gestaltung Georg Feigl
Foodfotografie Christian R. Schulz
Foodstyling Silvio da Silveira Macêdo
Rezeptbearbeitung Monika Reiter, Gerlinde Reiter
Texte Peter Barth
unter Mitarbeit von Marcus Reckewitz
Redaktion Kathrin Ullerich, Eva Abenstein,
Edelgard Prinz-Korte
Herstellung Karin Mayer, Peter Karg-Cordes
Lithografie inteca Media Service GmbH, Rosenheim
Druck & Bindung L.E.G.O., Vicenza

In Zusammenarbeit mit Radio Bayern 3

Besuchen Sie uns auch im Internet unter www.zsverlag.de

Alfons Schuhbeck

Gerichte mit Geschichte

ZABERT SANDMANN

Inhalt

Vorwort

Ob Carpaccio, Kaiserschmarren, Sandwich oder Waldorfsalat: Viele berühmte Gerichte haben eine spannende Geschichte. Häufig verbergen sich historische Persönlichkeiten hinter den Speisen, wie zum Beispiel der deutsche Reichskanzler Otto von Bismarck (1815–1898), dem der eingelegte Hering seinen Namen verdankt. Und haben Sie gewusst, dass die weltbekannte Pizza Margherita der ersten italienischen Königin Margherita von Savoyen (1851–1926) gewidmet ist? Genau diesen Geschichten bin ich auf den Grund gegangen und war selbst oft verblüfft, was sich manchmal sogar hinter einem eher unscheinbaren Gericht verbirgt – amüsante Anekdoten, die das Leben so schreibt. Und die ich im Radio bei Bayern 3 (freitags zwischen 10 und 10.30 Uhr) gern erzähle. Wer war Fürst Pückler, wen verführte Lady Hamilton und was machte Madame Pompadour unvergesslich? Ich war 100 internationalen Klassikern auf der Spur und wollte wissen, welche Legenden sich um sie ranken. Und natürlich habe ich bei dieser Gelegenheit auch gleich die Rezepte gesammelt und ihnen dann meine ganz persönliche Note gegeben.

Aber warum sollte es eigentlich nicht immer noch neue Geschichten über die Entstehung von Leckereien zu erzählen geben? Das Roman Röllchen zum Beispiel ist zwar erst drei Jahre alt, aber schon ein echter Klassiker. Und wer könnte seine Entstehung besser schildern als der Namensgeber, der Bayern 3-Moderator Roman Roell? »Es war gegen sechs Uhr morgens in der Bayern 3-MorningShow, als es im Studio klingelte. ›Am Eingang wartet jemand auf dich‹, sagte mein Redakteur wie selbstverständlich, ›der Bäcker mit den Roman Röllchen!‹ In diesem Moment hätte ich gern mal mein Gesicht gesehen: Der Bäcker mit den Roman ... was? Und schon stand Schorsch Bachter aus Puchheim vor mir. Ein paar Tage zuvor hatte er mich mit seinem Sohn morgens in der Sendung besucht und mich dabei ganz nebenbei ausgefragt, was mir denn so alles schmeckt: Vanillecreme, Apfel, Marzipan – ich bin halt ein Süßer. Und jetzt stand er strahlend vor mir – mit einem Blech voll duftender, saftiger Plunderröllchen. Alle mit einem großen R aus Puderzucker verziert. Der Schorsch und das ganze Team aus der Konditorei Martin Schönleben sind nämlich große Bayern 3-Fans und hören jeden Tag in der Backstube unsere MorningShow. Und weil mit dieser Sendung im Hintergrund das Backen einfach dreimal gut geht, habe ich zum Dank ein eigenes Gebäck bekommen, die Roman Röllchen, die mittlerweile in ganz Bayern bekannt sind. Vielen Dank, liebes Back-Team, für diese unglaubliche Ehre. Und wer weiß, vielleicht fragt in hundert Jahren auch mal jemand, warum die süßen Teilchen eigentlich so heißen.« Und wenn auch Sie die Roman Röllchen backen wollen: Das Originalrezept finden Sie auf unserer Homepage unter www.bayern3.de.

Viel Spaß beim Kochen, Backen, Staunen (über die Geschichten) und Genießen wünschen

Alfons Schuhbeck und Roman Roell

Jeden Freitagvormittag (10 bis 10.30 Uhr) auf Sendung:
Katja Wunderlich, Axel Robert Müller und Alfons Schuhbeck

Heinrich IV., »Le Grand Béarnais«, gab der berühmten Sauce seinen Namen.

Saucen & Salate

Sauce béarnaise

Tomatenketchup

(Für ca. 700 g)

1 mittelgroße Zwiebel
750 g Tomatenstücke (aus der Dose)
25 g Tomatenmark
2 EL brauner Zucker
1/2 kleine Zimtrinde
1 TL gelbe Senfkörner
70 g Puderzucker
100 ml Weißweinessig
Salz · Cayennepfeffer
1/2 TL gemahlener Piment
1–2 EL Weißweinessig zum Abschmecken

1 Die Zwiebel schälen und in kleine Würfel schneiden. Mit den Tomaten, dem Tomatenmark, dem Zucker, dem Zimt und den Senfkörnern in einen Topf geben. Aufkochen und bei milder Hitze 30 Minuten köcheln lassen.

2 In der Zwischenzeit den Puderzucker in einer Pfanne bei milder Hitze hell karamellisieren. Mit dem Essig ablöschen und auf gut die Hälfte einkochen lassen.

3 Aus dem Tomatenmus die Zimtrinde entfernen und das Mus mit dem Stabmixer pürieren. Mit der Essigreduktion, 2 TL Salz, Cayennepfeffer, Piment und Weißweinessig abschmecken.

4 Den Ketchup abkühlen lassen und falls nötig noch einmal würzen.

Tipp:

Durch das Karamellisieren und Einkochen erhält der Essig eine besonders feine Note. Er ist auch ideal zum Abschmecken von Sülzen und anderen süßsauren Gerichten sowie von Dressings.

Die Amerikaner haben den Ketchup nicht erfunden, auch wenn man ihn heute gern in einem Atemzug mit Coca-Cola und McDonald's nennt. Bevor die dickflüssige Tomatensauce ihren einzigartigen Triumphzug antreten konnte, musste ihre »Urversion« erst eine halbe Weltreise hinter sich bringen. Begonnen hat alles im 17. Jahrhundert mit dem chinesischen »kêtsiap« – einer kalten Sauce aus passiertem Fisch, Muscheln und Gewürzen, die bald als »kechap« nach Malaysia gelangte. Britische Seefahrer brachten die Sauce dann im 18. Jahrhundert in ihre Heimat, wo man nicht nur den Namen (nun hieß sie Ketchup), sondern auch das Rezept in vielen Varianten mit heimischen Zutaten abwandelte. Erst nachdem englische Auswanderer ihre Ketchup-Rezepte mit nach Amerika genommen hatten, kam in der Neuen Welt dann auch die Tomate ins Spiel. Aber Ketchup wäre heute nicht in aller Welt so berühmt, wäre eines dieser Saucenrezepte nicht einem gewissen Henry John Heinz in die Hände gefallen. 1876 gründete er die spätere F. & J. Heinz Company, die Tomatenketchup erstmals industriell herstellte. Die Zutaten (Tomatenmark, Essig, Zucker, Glukosesirup, Salz, Kräuter und Gewürze) sind bis heute unverändert geblieben, die Sauce enthält weder Farb- noch Konservierungsstoffe. In Amerika gehört Ketchup ganz selbstverständlich in jeden Haushalt und auf jeden Restauranttisch; auch bei uns steht die süßlich-rote Sauce mittlerweile in zwei Dritteln aller Kühlschränke. Trotzdem: Selbermachen ist eine prima Alternative!

Frankfurter Grüne Sauce

(Für ca. 170 g)

50 g gemischte Kräuter (z. B. Bärlauch, Basilikum, Dill, Estragon, Kerbel, Petersilie, Pimpinelle, Sauerampfer, Schnittlauch)
4–5 EL Olivenöl · 1 TL scharfer Senf
2 EL Crème fraîche
Salz · Cayennepfeffer
Zucker · etwas Zitronensaft

1 Die Kräuter waschen und trockenschütteln, die Blätter von den Stielen zupfen und klein schneiden. Den Schnittlauch in Stücke schneiden.

2 Die Kräuter mit dem Olivenöl in einen hohen Rührbecher geben und mit dem Stabmixer fein pürieren. Den Senf und die Crème fraîche unterrühren und die Grüne Sauce mit Salz, Cayennepfeffer, Zucker und Zitronensaft würzen.

Tipp:

Diese Sauce wird typischerweise zu gekochtem Rindfleisch, zu Bratensülze oder einfach nur zu Pellkartoffeln serviert.

Ob die delikate Frankfurter Kräutersauce schon zu Goethes Zeiten bekannt war, lässt sich zwar nicht belegen. Doch der berühmteste Sohn der Stadt soll sie bei seiner Mutter, der »lieben Frau Aja«, immer wieder gern genossen haben. Ein gedrucktes Rezept erschien erstmals anno 1860 im Frankfurter Kochbuch der Wilhelmine Rührig – da war der Dichterfürst bereits 28 Jahre tot. Manche Quellen behaupten, dass das Grün aus den vielen Kräutergärten rund um Frankfurt und die von den Franzosen von der Insel Menorca importierte Mayonnaise (siehe Seite 17) kurz nach der Französischen Revolution eine kulinarische Liaison eingingen. In vielen Familien ist die »Grie Soß« zusammen mit Pellkartoffeln bis heute das traditionelle Essen am Gründonnerstag. Es kursieren zwar dutzende unterschiedlicher Rezepte, jedoch ist die Mischung aus mindestens sieben frischen Kräutern unerlässlich. Puristen bestehen sogar auf neun: Sauerampfer ist ein ganz wesentlicher Bestandteil, dazu kommen je nach Jahreszeit Borretsch, Estragon, Kerbel, Kresse, Petersilie, Pimpinelle, Schnittlauch, Zitronenmelisse – und eher sparsam – Dill und Salbei. Im Frankfurter Raum werden die gemischten Kräuter im Frühjahr und Sommer fertig abgepackt angeboten. Und ein Gerichtsurteil hat bezüglich der Kräuterpäckchen mit dem Aufdruck »Frankfurter Grüne Sauce« klipp und klar festgestellt: Vierzig Prozent Petersilie sind Betrug!

Béchamelsauce

(Für 750–800 g)

1 kleine Zwiebel
1 Lorbeerblatt
2 Gewürznelken
60 g Butter · 60 g Mehl
1 l kalte Milch
Salz · Cayennepfeffer
frisch geriebene Muskatnuss

1 Die Zwiebel schälen, mit dem Lorbeerblatt belegen und dieses mit den Nelken feststecken.

2 Die Butter in einem Topf zerlassen und das Mehl darin bei milder Hitze anschwitzen. Die Milch unter Rühren nach und nach dazugeben, die gespickte Zwiebel hinzufügen und die Sauce unter häufigem Rühren bei milder Hitze 20 bis 30 Minuten kaum merklich köcheln lassen.

3 Die Béchamelsauce mit Salz, Cayennepfeffer und Muskatnuss würzen, die Zwiebel entfernen und die Sauce durch ein feines Sieb streichen.

Tipp:

Die Béchamelsauce bekommt mehr Geschmack, wenn man noch etwas Weißwein hinzufügt und ein Stück Speck mitkocht.
Wer die Sauce auf Vorrat zubereiten möchte, sollte sie abkühlen lassen und mit Frischhaltefolie bedecken bzw. etwas Butter auf der Oberfläche zerlassen, damit sich keine Haut bildet. Im Kühlschrank hält sich die Sauce mehrere Tage.

Wem sie auf Anhieb gelingt, ohne zu klumpen, der hat mit Sicherheit Talent für die feine Küche. Aber wer hat die Béchamelsauce eigentlich zum ersten Mal zusammengerührt? Zur Entstehungsgeschichte der hellen Tunke gibt es mehrere Versionen. Unbestritten lebte am Hofe des Sonnenkönigs Ludwigs XIV. (1643–1715) ein Marquis de Nonteil mit Namen Louis de Béchamel, der angeblich auch den Titel eines »Maitre d'hôtel« besaß. Dieser Gourmet soll die berühmte Mehl-Butter-Milch-Schwitze erfunden haben, die heute seinen Namen trägt. Aber selbst in Frankreich vertritt man mittlerweile die Auffassung, dass es nicht der in Kochkünsten völlig unbewanderte Marquis, sondern einer seiner Köche war, der die Sauce kreierte – und das Rezept ehrenhalber seinem Herrn widmete. Die Italiener bestehen allerdings darauf, dass die von den Franzosen reklamierte Sauce aus ihrem Land stammt. Bereits Katharina von Medici (1519–1589) soll die weiße Sauce namens Balsamella im Gepäck gehabt haben, als sie nach ihrer Hochzeit mit Heinrich II. 1533 an den französischen Königshof zog – und das war 130 Jahre vor Béchamel!

Sauce béarnaise

(Für ca. 250 g)

1 Schalotte
50 ml Weißwein
1 TL Estragonessig (oder Weißweinessig)
5 schwarze Pfefferkörner
1/8 l Gemüsebrühe
125 g Butter
3 Eigelb
1–2 TL gehackter Estragon
Salz · Cayennepfeffer
etwas Zitronensaft
2 EL braune Butter (siehe Tipp)

1 Die Schalotte schälen und in kleine Würfel schneiden. Mit Wein, Essig, Pfefferkörnern und 5 EL Brühe in einem Topf aufkochen und die Flüssigkeit fast vollständig einkochen lassen. Die restliche Brühe unterrühren und durch ein Sieb gießen.

2 Die Butter in einem kleinen Topf aufschäumen lassen. Die Eigelbe mit der Brühe in einem Schlagkessel über dem heißen Wasserbad zu einem feinporigen Schaum schlagen. Die Temperatur sollte dabei 80 °C erreichen, aber nicht überschreiten.

3 Den Kessel vom Wasserbad nehmen und die flüssige Butter gleichmäßig zuerst tropfenweise, dann in einem dünnen Strahl in die Schaummasse rühren. Die Schaummasse muss dabei die Butter binden. Den Estragon hinzufügen und die Sauce mit Salz, Cayennepfeffer, Zitronensaft und brauner Butter abschmecken.

Tipp:

Sollte die Sauce gerinnen, während die Butter untergerührt wird, den Schlagkessel sofort in kaltes Wasser stellen, einen Eiswürfel in den Kessel geben und die Sauce mit dem schmelzenden Eiswürfel verrühren. Bindet die Sauce auf diese Weise nicht mehr, 1 Eigelb mit 1 EL Wasser bei milder Hitze über dem heißen Wasserbad schaumig schlagen und die geronnene Sauce zuerst tropfenweise, dann in einem dünnen Strahl unterrühren. Braune Butter erhält man, wenn man die gewünschte Menge Butter bei mittlerer Hitze langsam zerlässt, bis sie goldbraun ist und ein nussiges Aroma hat.

Eine gute Sauce in höchster Vollkommenheit zu bereiten ist das Schwierigste, was es auf dem Gebiet der Kochkunst gibt, behauptete einst der »Feinschmecker-Papst« Jean-Anthèlme Brillat-Savarin (1755–1826). Heinrich IV. von Frankreich (1589–1610) hätte es sicherlich zu schätzen gewusst, dass man ihm ausgerechnet mit einer Sauce ein kulinarisches Denkmal setzte: Der König war ein ausgewiesener Genussmensch, der in Zeiten, als die Esskultur an anderen europäischen Höfen noch fast barbarisch anmutete, die besten Köche in seine Dienste stellte (siehe auch Seite 88). Allerdings vergingen nach seinem Tod mehr als 200 Jahre, bis man ihm die Sauce béarnaise widmete. Warum sich hinter diesem Namen Heinrich IV. verbirgt, ist leicht erklärt. Der König stammte aus der Region Béarn im äußersten Südwesten Frankreichs, weshalb ihn seine Zeitgenossen auch gern »Le Grand Béarnais« nannten. Die ihm gewidmete sämige Buttersauce wurde erstmals 1830 anlässlich eines Festessens im Pavillon »Henri IV.« in der Nähe von Paris serviert. Der Koch, der sie erfunden hat, blieb – wie so oft in der Geschichte – namenlos. Nichtsdestotrotz ist seine geniale Kreation bis heute zu Fisch- und Fleischgerichten ein unübertroffener Genuss. Zweifellos macht die Sauce dem Feinschmecker Heinrich alle Ehre…

Cumberlandsauce

(Für ca. 400 g)

je 1 unbehandelte Orange und Zitrone
50 ml roter Portwein
200 ml Rotwein
150 g Preiselbeermarmelade
150 g Johannisbeergelee
2 EL englisches Senfpulver
2 Scheiben Ingwer
Cayennepfeffer

1 Die Orange und die Zitrone heiß waschen und abtrocknen. Die Schale mit einem Zestenreißer in feinen Streifen abziehen und die Früchte getrennt auspressen.

2 Orangensaft, Portwein und Rotwein in einem Topf aufkochen und 15 bis 20 Minuten auf ein Drittel einkochen lassen. Die Preiselbeermarmelade und das Johannisbeergelee unterrühren. Das Senfpulver mit 2 EL Zitronensaft glatt rühren und mit dem Ingwer sowie den Orangen- und Zitronenzesten zur Sauce geben.

3 Die Cumberlandsauce bei milder Hitze etwa 5 Minuten ziehen lassen und den Ingwer wieder entfernen. Die Sauce mit Cayennepfeffer und nach Belieben mit Salz würzen.

Tipp:

Die Cumberlandsauce schmeckt zu Vorspeisen mit Wild, Wildgeflügel und Ente sowie zu Terrinen und Pasteten.
Nach Belieben kann man noch etwas abgeriebene unbehandelte Orangenschale unter die Sauce mischen.

Viele Saucen überleben ihre Köche und finden Eingang in die internationale Kochliteratur, obwohl sie nur für einen einzigen Anlass kreiert wurden. Wenn dieser Anlass allerdings die Geburt eines Stammhalters und der Namenspatron der Sauce ein hoher Adliger war, standen die Chancen, in den Reigen der Küchenklassiker aufzusteigen, von vornherein nicht schlecht. Dies gilt auch für die Cumberlandsauce, die 1845 von Louis Marcel Fauvet und Hermann Sonnenberg, Köche am Hofe Georgs V., Herzog von Braunschweig und Lüneburg, anlässlich der Geburt des Welfenprinzen Ernst August erfunden wurde. Ihren Namen erhielt die pikante Tafelsauce, weil Georg, der spätere König von Hannover, neben vielen anderen Titeln auch den des Herzogs von Cumberland führte. Und nicht, wie mancher vorschnell vermuten möchte, weil sie aus dem Nordwesten Englands stammt. Trotzdem haben die Engländer einen nicht unwesentlichen Anteil an dem Erfolg der Cumberlandsauce. Bei ihnen wurde sie bald so populär, dass man sie nicht nur zu Wildgerichten servierte, sondern auch zu Schinken, Lamm- und Rindfleisch, ja sogar zu Enten- und Gänsebraten reichte.

Mayonnaise

(Für ca. 250 g)

2 Eigelb · Salz
1 EL Rotweinessig
etwas Worcestershiresauce
1 TL scharfer Senf
Cayennepfeffer
200 ml Öl

1 Die Eigelbe mit Salz verrühren und 1 Minute ruhen lassen. Essig, Worcestershiresauce, Senf und Cayennepfeffer unterrühren. Das Öl nach und nach zuerst tropfenweise, dann in einem dünnen Strahl unterrühren.

2 Die Mayonnaise noch einmal mit Salz und Cayennepfeffer abschmecken.

Tipp:

Für das Gelingen der Mayonnaise ist es wichtig, dass alle Zutaten Zimmertemperatur haben.
Aus der Mayonnaise lässt sich auch schnell eine Remoulade zubereiten: Dafür 4 eingelegte Sardellenfilets trockentupfen und ebenso wie 1 EL Kapern und 50 g Cornichons klein hacken. Unter die Mayonnaise mischen, 2 EL gehackte Petersilie und 1 bis 2 TL gehackten Estragon ebenfalls dazugeben und die Remoulade mit Salz, Cayennepfeffer und etwas Cornichonsud würzen. Mischt man noch ein gehacktes, hart gekochtes Ei unter, wird daraus eine Sauce tatar.

Um den Ursprung der Mayonnaise rankt sich so manche Legende. Ihre Erfindung den Franzosen zuzuschreiben, liegt zwar auf den ersten Blick nahe, wäre aber zu einfach. Stattdessen spricht vieles dafür, dass der berühmte Saucen-Klassiker, der erst in jüngster Zeit zur Pommes-Garnitur degradiert wurde, ein »Spanier« ist und von der Balearen-Insel Menorca stammt. Demnach soll Herzog Richelieu, ein Großneffe des berühmten französischen Staatsmannes und Kardinals, der Menorca 1756 von den Briten erobert hatte, bei einem Bauern in der Nähe der Inselhauptstadt Mahón eingekehrt sein und um eine Stärkung gebeten haben. Der arme Bauer hatte aber nichts im Haus außer Olivenöl, Eiern, Zitrone und Salz. Da Not bekanntlich erfinderisch macht, mixte er aus diesen Zutaten kurzerhand eine Sauce und servierte sie dem adligen Gast mit etwas Brot. Ob der gewiefte Landmann die »Salsa Mahón« oder »Salsa Mahónesa« wirklich spontan erfunden oder nur auf ein Rezept zurückgegriffen hat, das man auf Menorca schon lange kannte, ist nicht überliefert. Jedenfalls war Herzog Richelieu so begeistert, dass er das Rezept mit nach Frankreich nahm und von seinen Köchen zur »Mahonnaise« verfeinern ließ. Und da man dort das H nicht aussprechen konnte, wurde es einfach durch ein Y ersetzt – die Mayonnaise war geboren!

Sauce Dumas

(Für ca. 400 g)

2 Eier · 1 kleine Essiggurke
150 g Thunfisch (aus der Dose; im eigenen Saft)
2 eingelegte Sardellenfilets
1 TL mittelscharfer Dijon-Senf
1 TL scharfer Dijon-Senf
100 ml Gemüsebrühe
1 EL Crème fraîche
Salz · Cayennepfeffer
Zucker · 1 EL Essiggurkensud
1 TL Weißweinessig

1 Die Eier in siedendem Wasser etwa 10 Minuten hart kochen, kalt abschrecken und abkühlen lassen. Dann schälen und halbieren, die Eigelbe mit einem Teelöffel herauslösen und die Eiweiße klein hacken. Die Essiggurke zerkleinern.

2 Den Thunfisch in einem Sieb abtropfen lassen und zerpflücken. Die Sardellenfilets trockentupfen. Beides mit den Eigelben, der Essiggurke, den beiden Senfsorten, der Brühe und der Crème fraîche in einen hohen Rührbecher geben und mit dem Stabmixer fein pürieren. Die Sauce mit Salz, Cayennepfeffer, Zucker, Essiggurkensud und Essig abschmecken. Zum Schluss die Eiweiße untermischen.

Tipp:

Die Sauce Dumas schmeckt als Dip zu Gemüsesticks, man kann sie aber auch anstelle der Thunfischsauce bei Vitello tonnato verwenden.

Warum sollte jemand, dessen Fantasie für mehr als 300 Abenteuerromane reichte, nicht auch die Idee für eine kulinarische Erfindung haben – vor allem wenn er ein anerkannter Gourmet und in Küchen-Fragen versiert war. So hat denn Alexandre Dumas (1802–1870) der Nachwelt nicht nur Bestseller wie »Die drei Musketiere« und den »Graf von Monte Christo« hinterlassen, sondern auch ein profundes Küchenlexikon (»Grand dictionnaire de cuisine«) – und eine köstliche Sauce! Und wie von einem Vielschreiber wie Dumas nicht anders zu erwarten, hat er über deren Entstehung einen Artikel verfasst, den er selbstbewusst »an alle Feinschmecker der Erde« richtete. Demnach wollte es der Zufall, dass Dumas, weil er während einer Zugfahrt den richtigen Ausstieg verschlafen hatte, eines Abends in der Senf-Stadt Dijon übernachten musste. Im Hotel fragte ihn der Kellner, welchen Senf er zu seinen Hammelkoteletts wünsche, nicht ohne darauf hinzuweisen, dass es »84 Sorten für Herren und 29 für Damen« zur Auswahl gäbe! Dumas bestellte die jeweils besten Sorten und erlebte daraufhin eine »Offenbarung«: »Ich orderte Thunfisch und Ölsardinen, die ich auf meinem Teller zu einem feinen Brei zerdrückte. Zwei hart gekochte, fein geschnittene Eier fügte ich hinzu, schnitt ein Cornichon klein, würzte mit zwei Sorten Senf (...), schmeckte mit Tafelessig von Maille ab und ließ mir dann alles durch ein Sieb streichen. Was ich jetzt (...) zurückbekam, war eine himmlische Sauce!«

Zweierlei Vinaigrettes

(Für ca. 300 bzw. 150 g)

Für die klassische Vinaigrette:
1 Schalotte
8 EL Rotweinessig
1 gestr. TL scharfer Senf
Salz · Pfeffer aus der Mühle
200 ml Öl (z. B. Olivenöl)

Für die Balsamico-Vinaigrette:
70 ml Gemüsebrühe
3 EL Balsamicoessig
1/2 TL scharfer Senf
5 EL Olivenöl
Salz · Pfeffer aus der Mühle
Zucker

1 Für die klassische Vinaigrette die Schalotte schälen und in kleine Würfel schneiden. Mit Essig und Senf in einer Schüssel verrühren, mit Salz und Pfeffer würzen. Das Öl nach und nach zuerst tropfenweise, dann in einem dünnen Strahl unterrühren.

2 Für die Balsamico-Vinaigrette die Brühe mit Essig und Senf verrühren. Das Olivenöl mit dem Schneebesen unterrühren und die Vinaigrette mit Salz, Pfeffer und 1 Prise Zucker würzen.

Tipp:

Alle Zutaten sollten Zimmertemperatur haben, damit sie sich optimal miteinander verbinden können.
Mit Essig und Öl können Sie beliebig variieren, z. B. einen Teil Olivenöl durch Nussöl und Rotweinessig durch Sherryessig ersetzen.
Kräuter sollten erst zum Schluss in die Vinaigrette gegeben werden, da sie durch die Essigsäure schnell unansehnlich werden. In Vinaigrette auf Zitronensaftbasis bleibt dagegen die grüne Farbe von Kräutern erhalten.
Die Balsamico-Vinaigrette kann man noch mit je 1 EL Rosinen und Granatapfelkernen sowie 1/2 EL Kapern verfeinern.

Ihre Zubereitung ist eigentlich ein Kinderspiel, sie ist ebenso einfach wie genial und darf längst in keinem Saucenbuch mehr fehlen. Man mag kaum glauben, dass die Franzosen die Vinaigrette, diesen temperamentvollen Evergreen der Salatküche, erst vor rund 150 Jahren erfunden haben. Damals kam überhaupt erst die Mode auf, frische Salate zu essen, wogegen man vorher vor allem hygienische Einwände hatte. Auch wenn es mittlerweile unzählige Rezepte gibt, die sich von der klassischen Zubereitung ableiten, werden fast alle nach einer Grundregel verrührt: Man mischt Essig und Öl im Verhältnis 1:3, dazu kommen Salz und Pfeffer sowie Senf, gehackte Kräuter oder Schalotten nach Geschmack. Der Name Vinaigrette basiert zwar auf dem französischen »vinaigre«, Essig, aber genau mit dieser Zutat geht man bei der Zubereitung eher vorsichtig um. Das Geheimnis einer guten Vinaigrette verrät ein französisches Sprichwort: Demnach braucht man einen Weisen für das Salz, einen Geizhals für den Essig, einen Verschwender für das Öl und einen Narren zum Rühren. Wobei sich der Geiz auf die Menge, keinesfalls aber auf die Qualität bezieht.

Caesar's Salad

(Für 4 Personen)

Für das Dressing:
1 Knoblauchzehe
3 eingelegte Sardellenfilets
1 Eigelb · 2–3 EL Zitronensaft
etwas Worcestershiresauce
1 TL scharfer Senf
1–2 EL Tomatenketchup
1 EL geriebener Parmesan
Salz · Cayennepfeffer
Zucker · 120 ml Maiskeimöl
je 50 ml Olivenöl und Gemüsebrühe

Für den Salat:
1 Eisbergsalat (oder Romanasalat)
4 Tomaten · 2 Scheiben Toastbrot
4 EL Butter · 1 Knoblauchzehe
4 EL gehobelter Parmesan

1 Für das Dressing den Knoblauch schälen und in kleine Würfel schneiden. Die Sardellenfilets trockentupfen und klein schneiden.

2 Knoblauch und Sardellenfilets mit Eigelb, Zitronensaft, Worcestershiresauce, Senf, Ketchup und Parmesan sowie je 1 Prise Salz, Cayennepfeffer und Zucker in einen Mixer geben.

3 Den Mixer auf niedriger Stufe einschalten und das Maiskeimöl in einem dünnen Strahl dazugeben, sodass eine glatte, gebundene Sauce entsteht. Das Olivenöl ebenfalls nach und nach hinzufügen und zum Schluss die Brühe untermixen. Das Dressing gegebenenfalls nachwürzen.

4 Den Salat putzen, waschen, trockenschleudern und in mundgerechte Stücke zupfen. Die Tomaten waschen und achteln, dabei den Stielansatz entfernen.

5 Das Toastbrot entrinden und in Würfel schneiden. Die Butter in einer Pfanne zerlassen und das Toastbrot darin mit der ungeschälten Knoblauchzehe goldbraun braten. Auf Küchenpapier abtropfen lassen und die Knoblauchzehe entfernen.

6 Den Salat mit den Tomaten und dem Dressing mischen, auf Tellern anrichten und mit den Croûtons und dem Parmesan bestreuen.

Tipp:

Wer möchte, kann den Caesar's Salad variieren, indem er noch andere Blattsalate, wie z. B. Rucola, untermischt.

Obwohl er bereits in den Zwanzigerjahren des vorigen Jahrhunderts entstand, hat dieser Salat bis heute nichts von seinem pikanten Charme verloren. Es gibt wohl kein Fotomodell zwischen Paris und Hollywood, das nicht schon einen Teller davon bestellt hätte – und dafür sogar ein ganzes Menü sausen ließ. Ein gewisser Caesar Cardini, Besitzer eines kleinen italienischen Restaurants im mexikanischen Städtchen Tijuana, nahe der Südgrenze der Vereinigten Staaten, und sein Bruder Alex gelten als die Erfinder der attraktiven Kombination aus Romana- oder Eisbergsalat, Tomaten, gehobeltem Parmesan und knoblauchduftenden Croûtons. Zunächst hieß das Gericht »Flieger-Salat«, doch dann fand es bald so viele Nachahmer und wurde auch in den USA so populär, dass Caesar Cardini es auf seinen Vornamen umtaufte. Seither heißt es »Caesar's Salad« – mit dem römischen Imperator hat der Salat also nichts zu tun! Von Bruder Alex spricht heute niemand mehr: So ungerecht geht es zu in der Welt der Rezepte-Erfinder.

Salade niçoise

(Für 4 Personen)

Für den Salat:
400 g kleine
fest kochende Kartoffeln
Salz · 4 Eier
200 g Keniabohnen
250 g Cocktailtomaten
100 g kleine schwarze Oliven
(in Öl eingelegt)
1 kleine rote Zwiebel
200 g eingelegte Artischocken
50 g Kapernäpfel
500 g Thunfisch (aus der Dose;
im eigenen Saft)
2 Kopfsalatherzen
10 große Basilikumblätter

Für das Dressing:
1 Knoblauchzehe
1–2 TL scharfer Senf
3–4 EL Rotweinessig
200 ml Gemüsebrühe
Salz · Pfeffer aus der Mühle
Zucker · 100 ml Olivenöl

1 Für den Salat die Kartoffeln waschen und in Salzwasser weich kochen. Abgießen, abdampfen lassen, schälen und vierteln.

2 Die Eier in siedendem Wasser etwa 10 Minuten hart kochen, kalt abschrecken und abkühlen lassen. Dann schälen und vierteln. Die Bohnen putzen, waschen, in kochendem Salzwasser bissfest blanchieren, kalt abschrecken und auf einem Sieb gut abtropfen lassen.

3 Die Cocktailtomaten waschen und halbieren, die Oliven abtropfen lassen. Die Zwiebel schälen und in dünne Spalten schneiden. Die Artischocken abtropfen lassen und zerkleinern. Von den Kapernäpfeln die Stiele entfernen und die Kapernäpfel halbieren.

4 Den Thunfisch abtropfen lassen und in Stücke zerpflücken. Die Kopfsalatherzen putzen, waschen, trockenschleudern und in mundgerechte Stücke zupfen. Die Basilikumblätter waschen, trockentupfen und grob zerkleinern.

5 Für das Dressing den Knoblauch schälen und klein schneiden. Mit Senf, Essig, Brühe, Salz, Pfeffer, 1 Prise Zucker und dem Olivenöl in einen Rührbecher geben und mit dem Stabmixer durchmixen.

6 Kartoffeln, Bohnen, Tomaten, Oliven, Zwiebel, Artischocken, Kapernäpfel, Thunfisch und Kopfsalatherzen mit dem Dressing mischen und kurz marinieren. Den Nizza-Salat auf Tellern anrichten und mit den Eiervierteln und dem Basilikum garnieren.

Tipp:

Wer ein etwas würzigeres Dressing möchte, kann noch zusätzlich 2 Sardellenfilets darunter mixen.

Dieser Salat brachte den Namen der französischen Stadt Nizza auf die Speisekarten rund um die Welt – kein Wunder, denn er verkörpert aufs Schönste die bunte Fröhlichkeit der Côte d'Azur. Im mondänen Nizza erinnert heute nichts mehr an die Zeiten, als man zwischen Marseille und Genua mehr schlecht als recht vom Olivenöl-, Holz- und Lederhandel lebte. Dass die Einwohner von Nizza damals gezwungen waren, aus der Not eine Tugend zu machen, kommt ihrer Küche noch immer zugute: Sie beherrschen es perfekt, aus den einfachen Produkten der Region etwas Besonderes zu zaubern. Die Erfindung des Nizza-Salats lässt sich nicht an einer Person oder einem Ereignis festmachen – es gab und gibt ihn ganz ähnlich auch entlang der italienischen Rivieraküste. Mit Sicherheit ist der Salat aber heute das berühmteste Rezept der Provence – und zugleich auch dasjenige, dem man am übelsten mitgespielt hat. Denn was wird nicht alles unter seinem Namen angeboten! Welches die wahren »Originalzutaten« sind, daran scheiden sich allerdings auch die Geister. So bekommt man nicht nur in Paris, New York oder Sydney, sondern auch in Nizza selbst in jedem Lokal der Stadt eine andere »Salade niçoise« serviert. »Sünden« wie Möhren oder Rote Bete haben aber auf gar keinen Fall etwas in der Salatschüssel zu suchen!

Waldorfsalat

(Für 4 Personen)

125 g Mayonnaise (siehe S. 17)
80 g Sahne · Salz
Cayennepfeffer · Zucker
Saft von 1/2 Zitrone
500 g Knollensellerie
3 Äpfel
50 g Walnusskernhälften

1 Die Mayonnaise mit der Sahne verrühren, mit Salz, je 1 Prise Cayennepfeffer und Zucker sowie etwas Zitronensaft würzen.

2 Den Sellerie und die Äpfel schälen und alles in feine Streifen hobeln oder schneiden. Die Selleriestreifen leicht salzen, mit etwas Zitronensaft beträufeln und 10 Minuten ziehen lassen. Die Apfelstreifen ebenfalls mit etwas Zitronensaft beträufeln, damit sie sich nicht bräunlich verfärben.

3 Sellerie- und Apfelstreifen mit der Sahnemayonnaise mischen und den Salat 30 Minuten ziehen lassen. Dann nach Belieben noch etwas nachwürzen und mit Walnüssen bestreut servieren.

Tipp:

Der Salat wird zarter, wenn man die Selleriestreifen blanchiert.
Wer Kalorien sparen möchte, kann die Sahne durch Joghurt ersetzen.
Etwas fruchtiger schmeckt der Salat, wenn noch zusätzlich anderes Obst (z. B. Ananas oder Weintrauben) untergemischt wird.

Hinter der Geschichte des Waldorfsalats verbirgt sich eine typisch amerikanische Erfolgsstory. Das Rezept ist einem »Selfmademan« aus Walldorf bei Heidelberg gewidmet, der als Sechzehnjähriger nach Amerika auswanderte, um dort sein Glück zu machen – was ihm in der Tat glänzend gelang: Johann Jacob Astor (1763–1848) handelte so erfolgreich mit Pelzen und Grundstücken, dass er zum reichsten Mann Amerikas aufstieg. Als er starb, gehörten ihm die meisten New Yorker Immobilien, er soll vermögender gewesen sein als alle anderen Millionäre zusammen. Einer seiner Urenkel, William Waldorf Astor, machte das Beste aus seinem Erbe, als er 1893 in Manhattan das mondäne »Waldorf-Hotel« (später ein Gebäudeteil des legendären »Waldorf-Astoria«) errichten ließ. Als Küchenchef des Hotels wurde der Schweizer Oscar Tschirky eingestellt, der bösen Zungen zufolge zwar kaum etwas Schwierigeres als ein Rührei zubereiten konnte, aber als der Erfinder des Waldorfsalats in die Geschichte einging. Wie kaum anders zu erwarten, wurde seine Kreation in der glamourösen Welt der Grandhotels mit Begeisterung aufgenommen. Sogar aphrodisische Qualitäten wurden dem Salat nachgesagt, besonders wenn man anschließend zu Austern und Hummer überging…

Im »Bauch von Paris« wurde die Zwiebelsuppe zum Klassiker.

Suppen & Eintöpfe

Pariser Zwiebelsuppe

Gazpacho

(Für 4 Personen)

Für die Croûtons:
2 Scheiben Toastbrot
4 EL Butter · Salz

Für den Gazpacho:
1 kleine Salatgurke
3–4 Tomaten
2 rote Paprikaschoten
1 EL Rotweinessig
2 Scheiben Knoblauch
4 EL Olivenöl · Salz
Cayennepfeffer · Zucker

1 Für die Croûtons das Toastbrot entrinden und in kleine Würfel schneiden. Die Butter in einer kleinen Pfanne zerlassen und die Toastbrotwürfel darin bei milder Hitze goldbraun braten. Auf Küchenpapier abtropfen lassen und leicht salzen.

2 Für den Gazpacho die Gurke schälen, längs halbieren und die Kerne mit einem Löffel entfernen. Die Tomaten waschen, vierteln, Stielansatz und Kerne entfernen. Die Paprikaschoten längs halbieren, entkernen und waschen. Von jeder Gemüsesorte so viel in kleine Würfel schneiden, dass es jeweils etwa einen Esslöffel ergibt, und beiseite stellen.

3 Das restliche Gemüse grob zerkleinern und mit 300 ml kaltem Wasser, dem Essig und dem Knoblauch im Mixer pürieren. Das Olivenöl dazugeben, dabei weitermixen und je nach Konsistenz noch etwas Wasser hinzufügen. Die Suppe mit Salz, Cayennepfeffer und 1 Prise Zucker würzen.

4 Den Gazpacho im Kühlschrank gut durchziehen lassen. Nochmals abschmecken und in vorgekühlte Suppenteller oder -tassen verteilen. Das in kleine Würfel geschnittene Gemüse dazugeben und mit den Croûtons bestreuen. Nach Belieben mit Basilikum garnieren.

Der Gazpacho konnte nur in einem Land wie Spanien entstehen, denn die kalte Suppe ist die kulinarische Antwort auf die heißen Sommermonate im westlichen Mittelmeer. Schon bevor die Römer die Iberische Halbinsel beherrschten, stärkten sich die Hirten mit einer kalten Suppe aus Brot, Knoblauch, Essig, Öl und Wasser. Andalusische Bauern fügten dann später Gemüse hinzu und schufen so ein ideales Gericht, das sättigte, den Durst löschte und dem Körper Salz und Vitamine zuführte, die ihm in der Hitze der Feldarbeit entzogen wurden. Der Begriff Gazpacho stammt übrigens vom lateinischen »caspa«, was so viel wie »Rest« oder »Kleinigkeit« bedeutet. Die Grundlage des klassischen Gazpacho andaluz bilden nach wie vor Brot, Salz und Knoblauch. Hinzu kommen Tomaten, Paprikaschoten und Gurken, die früher mühsam im Mörser püriert wurden, heute aber getrost im elektrischen Mixer zur Suppe werden können. Und natürlich dürfen Essig und Öl nicht fehlen, die unbedingt von bester Qualität sein sollten. Denn: »Mit schlechtem Essig und noch schlechterem Öl kann man keinen guten Gazpacho machen«, sagen die Spanier – und die müssen es schließlich wissen.

Selleriesuppe à la Pompadour

(Für 4 Personen)

Für die Klößchen:
150 g eiskaltes Hähnchenbrustfilet (ohne Haut)
Salz · Pfeffer aus der Mühle
150 g eiskalte Sahne
1/2–1 TL scharfer Senf
1 Msp. abgeriebene unbehandelte Zitronenschale · Cayennepfeffer
frisch geriebene Muskatnuss
1 EL gehackte Petersilie
etwas Zitronensaft

Für die Suppe:
1 l Geflügelbrühe
1 Lorbeerblatt · 1/2 TL Pimentkörner
je 1 Streifen unbehandelte Orangen- und Zitronenschale
1 Thymianzweig
100 g Knollensellerie
1 EL schwarze Trüffelstreifen (frisch oder eingelegt)

1 Für die Klößchen das Hähnchenbrustfilet waschen, trockentupfen und in kleine Würfel schneiden. Mit Salz und Pfeffer würzen und ebenso wie die Sahne 5 Minuten in das Tiefkühlfach stellen.

2 Die Hähnchenbrustwürfel in den Mixer geben, Senf, Zitronenschale, Cayennepfeffer und Muskatnuss hinzufügen und mixen, bis die Masse zu binden beginnt. Die Sahne in drei Portionen dazugeben, dabei jeweils so lange untermixen, bis sie gebunden ist – am Ende sollte eine glatte Farce entstanden sein. Die Hähnchenmasse aus dem Mixer nehmen, mit der Petersilie mischen und mit Salz und Zitronensaft abschmecken.

3 Reichlich Salzwasser aufkochen und vom Herd nehmen bzw. die Hitze so weit reduzieren, dass das Wasser nicht mehr kocht. Aus der Hähnchenfarce mit zwei angefeuchteten Teelöffeln kleine Nocken abstechen, in das Salzwasser geben und 5 Minuten darin gar ziehen lassen. Herausnehmen und warm halten.

4 Für die Suppe die Brühe mit Lorbeerblatt und Pimentkörnern bis knapp unter dem Siedepunkt erhitzen. Orangen- und Zitronenschale sowie Thymian dazugeben, 5 bis 10 Minuten darin ziehen lassen und die Brühe durch ein Sieb gießen.

5 Den Sellerie schälen und in feine, nicht zu lange Streifen schneiden. Mit den Trüffelstreifen in die Brühe geben und knapp unter dem Siedepunkt etwa 5 Minuten ziehen lassen. Die Selleriesuppe nach Belieben noch etwas salzen, die Hähnchenklößchen dazugeben und kurz erwärmen. Die Suppe in vorgewärmte Suppenteller oder -tassen verteilen.

Unter den berühmtesten Frauen der europäischen Geschichte, deren Glanz die Jahrhunderte überstrahlt, nimmt die Marquise de Pompadour (1721–1764) zweifellos einen der ersten Plätze ein. Als Mätresse Ludwigs XV. lebte die gebürtige Jeanne Antoinette Poisson mehr als 20 Jahre lang an der Seite eines der – zumindest nominell – mächtigsten Männer seiner Zeit. Sie konnte singen, reiten und malen, sie besaß große diplomatische Fähigkeiten und veranstaltete Opernauftritte und rauschende Feste. Vor allem aber wusste die kluge Frau, wie man ein gekröntes Haupt bei Laune hält: »Die Liebe eines Mannes wird im Bett gewonnen und bei Tisch erhalten«, lautete ihr pragmatisches Credo. Als leidenschaftliche Köchin erfand sie unter anderem eine Consommé, die noch heute als besonders delikate Suppenkreation gilt: eine klare Geflügelkraftbrühe, in der pochierte Klößchen aus Geflügelfarce, Sellerie-Juliennes, Trüffelstreifen und in Champagner gekochte Krebsschwänze schwimmen. Mag sein, dass bei der Auswahl der Zutaten auch der Wunsch nach einer aphrodisischen Nebenwirkung eine Rolle spielte – schließlich galt die Pompadour als Fachfrau in Liebesfragen...

Rumfordsuppe

(Für 4 Personen)

50 g getrocknete gelbe Erbsen
400 g Ochsenschwanz
1 Beinscheibe vom Rind (ca. 300 g)
2–3 EL Öl
1,5 l Geflügelbrühe
1 Zwiebel · 1 Lorbeerblatt
2 Gewürznelken
80 g durchwachsener Räucherspeck
2 fest kochende Kartoffeln
60 g Perlgraupen
Salz · Pfeffer aus der Mühle
frisch geriebene Muskatnuss
1 kleines frisches Liebstöckelblatt
1 EL gehackte Petersilie

1 Die Erbsen über Nacht in Wasser einweichen, am nächsten Tag auf einem Sieb abtropfen lassen.

2 In einem Topf 1 bis 2 EL Öl erhitzen. Den Ochsenschwanz im Gelenk zerteilen und mit der Beinscheibe im Öl bei mittlerer Hitze rundum anbraten. Die Brühe dazugießen und etwa 3 Stunden knapp unter dem Siedepunkt ziehen lassen. Den dabei aufsteigenden Schaum entfernen.

3 Die Zwiebel schälen, mit dem Lorbeerblatt belegen und dieses mit den Nelken feststecken. Den Speck in Würfel schneiden, in einer Pfanne bei milder Hitze im restlichen Öl anbraten und auf einem Sieb abtropfen lassen. Die Kartoffeln schälen, waschen und in 1 bis 1 1/2 cm große Würfel schneiden. Die Graupen waschen und auf einem Sieb abtropfen lassen.

4 Die gespickte Zwiebel mit Kartoffeln, Speck, Erbsen und Graupen nach 3 Stunden Garzeit zum Fleisch geben und weitere 30 Minuten gar ziehen lassen, bis das Fleisch weich ist. Die gespickte Zwiebel entfernen.

5 Das Fleisch von den Knochen lösen, zerkleinern und in die Suppe geben. Mit Salz, Pfeffer und Muskatnuss abschmecken, den Liebstöckel 1 bis 2 Minuten darin ziehen lassen und wieder entfernen. Die Rumfordsuppe in vorgewärmte Suppenteller oder -tassen verteilen und mit der Petersilie bestreuen.

Der Reichsanzeiger Nr. 8 aus dem Jahr 1803 beschreibt sie als ein »sehr zweckmäßiges Gemengsel der wohlfeilsten und nährendsten Vegetabilien, wozu man nicht einmal animalischer Nahrung bedarf«. In die Geschichte ist sie als Rumfordsuppe eingegangen, ein Armeleuteessen, das seinerzeit aus Gerstengraupen, Erbsen, Kartoffeln, Weizenbrot, Salz, Wasser und Weinessig oder sauer gewordenem Bier in großen Töpfen gekocht wurde. Ihren Namen verdankt sie Benjamin Graf von Rumford (1753–1814), einem amerikanischen Physiker, der bei Kurfürst Theodor von Bayern ab 1784 als Polizei- und Kriegsminister, Staatsrat und Reichsgraf in Diensten stand. Er sorgte dafür, dass die Kartoffel in Bayern zum Grundnahrungsmittel wurde, errichtete Militärlazarette und Schulen für Soldatenkinder, reformierte die Finanzverwaltung und schuf Arbeitshäuser, in denen man die Ärmsten der Armen, Bettler und Obdachlose, Militärkleidung schneidern ließ und sie so von der Straße holte. Kurz vor Theodors Tod im Jahr 1799 gab Rumford außerdem noch den Anstoß für die Anlage des Englischen Gartens in München. In Erinnerung geblieben ist aber vor allem seine nahrhafte Suppe, die unter Einberechnung der Personal- und Betriebskosten damals nur zwei Pfennig pro Teller kostete und tausende von Bedürftigen vor dem sicheren Hungertod bewahrte.

Pariser Zwiebelsuppe

(Für 4 Personen)

500 g Zwiebeln
2 EL Butter
4 EL Noilly Prat (trockener Wermut)
100 ml Weißwein
1 l klare Rindersuppe
1 Lorbeerblatt
1 Streifen unbehandelte Zitronenschale
1 Scheibe Knoblauch
getrockneter Majoran
Salz · Cayennepfeffer
60 g Gruyère (oder Emmentaler)
frisch geriebene Muskatnuss
4 Scheiben Toastbrot

1 Die Zwiebeln schälen, halbieren und in möglichst dünne Scheiben schneiden. Die Butter in einem Topf zerlassen und die Zwiebeln darin bei mittlerer Hitze glasig dünsten. Mit Wermut und Wein ablöschen und auf ein Drittel einkochen lassen. Die Rindersuppe dazugießen, das Lorbeerblatt hinzufügen und die Suppe knapp unter dem Siedepunkt 15 Minuten ziehen lassen.

2 Zitronenschale und Knoblauch in die Suppe geben, einige Minuten darin ziehen lassen und mit dem Lorbeerblatt wieder entfernen. Die Suppe mit 1 Prise Majoran, Salz und Cayennepfeffer herzhaft würzen.

3 Den Backofengrill einschalten, den Käse reiben. Etwas Muskatnuss in ofenfeste Suppentassen reiben, die Toastbrotscheiben in Tassengröße ausstechen bzw. ausschneiden und kurz rösten. Die Zwiebelsuppe in die Suppentassen verteilen, jeweils 1 Brotscheibe darauf legen und mit dem geriebenen Käse bestreuen. Die Suppe unter dem Backofengrill auf der unteren Schiene etwa 5 Minuten goldbraun überbacken.

Tipp:

Als Rindersuppe kann die Tafelspitzsuppe von S. 74 verwendet werden. Wer sich den Aufwand sparen möchte, kann die Zwiebelsuppe auch mit Geflügel- oder Gemüsebrühe zubereiten.

Wo gekocht wird, ist und war meist eine Zwiebel zur Hand, in vielen Saucen, Eintöpfen und Suppen ist sie unentbehrlich. Seit Jahrhunderten gilt die Zwiebelsuppe als eine Leibspeise der Pariser, die populäre »Soupe d'oignons aux Halles« hat es sogar zu Weltruhm gebracht. Diese wurde in den frühen Morgenstunden von den Wirten im »Bauch von Paris« gekocht, wie Émile Zola die Markthallen der französischen Metropole im 19. Jahrhundert nannte. Die kräftige Suppe stärkte die Arbeiter und Händler und diente heimkehrenden Nachtschwärmern bis nach dem Zweiten Weltkrieg als Katerfrühstück. Der magische Magenwärmer war in den Bistros rund um die Hallen billig zu haben, dazu aß man am liebsten ofenwarmes Baguette. Den »Bauch von Paris« gibt es schon lange nicht mehr – und eine anständige Zwiebelsuppe zu finden wird auch in der französischen Hauptstadt immer schwieriger. Dabei ist sie ganz einfach zuzubereiten, wie auch Johannes Mario Simmel fand. Er veröffentlichte 1960 ein Rezept für Zwiebelsuppe mit Käsehaube in einem seiner berühmtesten Romane. Der Titel: »Es muss nicht immer Kaviar sein«...

Pot-au-feu

(Für 4 Personen)

2 fest kochende Kartoffeln
150 g Knollensellerie
2 Möhren
1/2 dünne Stange Lauch
100 g breite grüne Bohnen · Salz
1 Lorbeerblatt
5 Pimentkörner
1/2 TL schwarze Pfefferkörner
1/2 TL gelbe Senfkörner
5 Wacholderbeeren
1 EL Olivenöl
1,5 l Geflügelbrühe
4 Perlhuhnbrustfilets
(à ca. 130 g; ohne Haut)
1 Knoblauchzehe (in Scheiben)
1 Scheibe Ingwer
1 kleiner Estragonstiel
2 Scheiben Toastbrot
4 EL Butter

1 Kartoffeln, Sellerie und Möhren schälen, Kartoffeln und Sellerie in etwa 1 cm große Würfel schneiden, die Möhren längs halbieren und schräg in 1 cm breite Stücke schneiden. Den Lauch putzen, waschen und ebenfalls in 1 cm breite Stücke schneiden. Die Bohnen putzen, waschen und schräg in 1 cm breite Stücke schneiden. In Salzwasser bissfest blanchieren, kalt abschrecken und auf einem Sieb abtropfen lassen. Das Lorbeerblatt zerbröseln und mit Piment-, Pfeffer- und Senfkörnern sowie Wacholderbeeren in ein Gewürzsäckchen binden.

2 Das Olivenöl in einem Topf erhitzen, Kartoffeln, Sellerie und Möhren darin andünsten. Die Brühe dazugießen, das Gewürzsäckchen hinzufügen und das Gemüse 15 bis 20 Minuten weich garen.

3 Die Perlhuhnbrustfilets waschen und trockentupfen. Mit Lauch, Knoblauch, Ingwer und Estragon in den Eintopf geben und das Fleisch etwa 15 Minuten durchziehen lassen. Mit Salz abschmecken, Gewürzsäckchen, Knoblauch, Ingwer und Estragon wieder entfernen. Das Fleisch aus dem Eintopf nehmen, klein schneiden und mit den blanchierten Bohnen wieder in der Suppe erwärmen.

4 Das Toastbrot entrinden und in kleine Würfel schneiden. Die Butter in einer kleinen Pfanne zerlassen und die Toastbrotwürfel darin goldbraun rösten, auf Küchenpapier abtropfen lassen und leicht salzen. Den Pot-au-feu in vorgewärmte Suppenteller oder -tassen verteilen und mit den Croûtons bestreuen.

Einen Pot-au-feu zuzubereiten gehörte noch vor 50 Jahren zur Grundausbildung jeder jungen Französin – und in der Provinz ist der deftige Eintopf nach wie vor ein beliebtes Sonntagsessen. Seine ländlichen Ursprünge verlieren sich allerdings im Dunkel der Geschichte, man kann seine Herkunft keiner bestimmten Region der Grande Nation zuordnen. Immerhin hat uns kein Geringerer als Johann Wolfgang von Goethe einen Reisebericht aus dem Jahr 1792 hinterlassen, in dem er sich auch mit dem Pot-au-feu als »Nationalgericht der Franzosen« befasst. Goethe beobachtete in einer Herberge in Lothringen, wie der Eintopf in einem großen Kupferkessel über dem offenen Feuer zubereitet wurde: »Das Rindfleisch war bereits fast gar, als man in den Kessel die Karotten, die Kohlrabi, den Lauch, den Kohl und die anderen Gemüse warf. Die Magd füllte dann die Teller und Schüsseln auf dem Tisch zunächst mit kleinen Stücken guten Brotes. Dann goss sie die heiße Brühe darüber. (...) Das Fleisch und das Gemüse vervollständigten dieses simple Mahl, über das alle Welt sehr erfreut schien.« Natürlich gibt es mittlerweile hunderte von Rezeptvarianten, anstelle von Rindfleisch werden auch Schweinebauch, Speck und Würste, ja selbst Enten und Hühner in dem Eintopf mitgegart. Ein dampfender Pot-au-feu ist für die Franzosen auf alle Fälle noch heute der Inbegriff der Gastlichkeit – sowohl »en famille« als auch im Restaurant.

Bouillon Lady Curzon

(Für 4 Personen)

Für die Suppe:
3 braune Zwiebeln
100 g Knollensellerie · 1 Möhre
1,2 l Geflügelbrühe
700 g Kalbsmaske
(mit 1 Bäckchen; siehe Tipp)
1/2 EL getrocknete Champignons
1 Lorbeerblatt
1/2 TL schwarze Pfefferkörner
1 Thymianzweig
1 Knoblauchzehe (in Scheiben)
1 Scheibe Ingwer
je 1 Streifen unbehandelte
Orangen- und Zitronenschale

Zum Fertigstellen:
je 60 g Möhre, Knollensellerie und
Lauch (in feinen Streifen)
Salz · 1 EL Sherry (trocken)
1 Eigelb · 1/2 TL Currypulver
80 g geschlagene Sahne

1 Eine Zwiebel ungeschält quer halbieren und in einer unbeschichteten Pfanne ohne Fett die Schnittflächen dunkel bräunen. Die restlichen Zwiebeln, Sellerie und Möhre schälen und in 2 bis 3 cm große Stücke schneiden. Die Brühe mit der Kalbsmaske und dem Gemüse in einem Topf erhitzen und knapp unter dem Siedepunkt etwa 2 1/2 Stunden weich ziehen lassen. Den dabei aufsteigenden Schaum entfernen.

2 Getrocknete Pilze, Lorbeerblatt und Pfefferkörner hinzufügen und die Suppe weitere 30 Minuten sieden lassen. Thymian, Knoblauch, Ingwer und Zitrusschalen dazugeben und 5 Minuten in der Suppe ziehen lassen. Die Kalbsmaske herausnehmen und etwas abkühlen lassen. Das weiche Fett entfernen und die Kalbsmaske sowie das Bäckchen in feine Streifen schneiden. Die Brühe durch ein mit einem geruchsfreien Küchentuch ausgelegtes Sieb gießen.

3 Zum Fertigstellen das Fleisch mit den Gemüsestreifen in die Brühe geben, knapp unter dem Siedepunkt noch etwa 5 Minuten ziehen lassen und die Suppe mit Salz und Sherry abschmecken. Den Backofengrill einschalten. Das Eigelb mit Curry und etwas Sahne verrühren und unter die restliche Sahne mischen. Die Suppe in Suppentassen verteilen, je 2 EL Currysahne auf die Suppe setzen und unter dem Backofengrill auf der unteren Schiene einige Minuten überbacken.

Tipp:

Die Kalbsmaske ist der entbeinte Kalbskopf. Ihr Fleisch wird auch für die Zubereitung von Weißwürsten verwendet.

Von Lady Mary Curzon weiß man nicht nur, dass sie äußerst attraktiv war – sie war auch clever genug, um uns eine schöne Suppe einzubrocken. Als Gattin von George Nathaniel Curzon, dem Marquess von Kedlestone und Vizekönig von Indien (1898–1905), war es die Lady gewohnt, erlesen zu speisen und hochrangige Gäste zu bewirten. Eines Tages im Jahr 1905 soll an ihrer Tafel ein indischer Ehrengast gesessen haben, der keinen Alkohol trank. Damit hatte Lady Curzon ein Problem, denn die anderen Gäste waren ausschließlich Engländer – und Engländer würden niemals dinieren, ohne eine Form von Alkohol zu sich zu nehmen. Also bat die Lady kurzerhand ihren Koch, die Seeschildkrötensuppe vor dem Servieren mit einer ordentlichen Portion Sherry zu verfeinern. Die Gäste – alle! – waren begeistert, und seitdem ist eine Suppe à la Lady Curzon weltweit das Synonym für Schildkrötensuppe mit Sherry. Allerdings behaupten nicht nur Vegetarier, Lady Curzons Schildkrötensuppe sei ursprünglich eine Consommé aus Kalbskopf oder Kalbsfüßen gewesen. Ihren Namen verdanke sie den so genannten »Schildkrötenkräutern«, einer Mischung aus Basilikum, Bohnenkraut, Koriander, Lorbeer, Majoran, Thymian und abgeriebener Zitronenschale. Wie dem auch sei: Seitdem Schildkröten vom Aussterben bedroht sind, wandern auch Ochsenschwanz, Perlhuhn, Kalbfleisch, Spargel oder Tomaten in Lady Curzons Suppe. Die einfallsreiche Lady lebte nur bis 1906 – ihre Suppe hat sie unsterblich gemacht.

Mulligatawny-Suppe

(Für 4 Personen)

1/2 Stange Lauch · Salz
800 ml Geflügelbrühe
70 g Sahne
70 ml Kokosmilch
1/2–1 EL Currypulver
2 EL kalte Butter
1 Knoblauchzehe
2 Scheiben Ingwer
2 Streifen unbehandelte Zitronenschale
Cayennepfeffer
2 Poulardenbrustfilets (à ca. 180 g; ohne Haut)
2 Schalotten
1/8–1/4 Mango · 1/8 Ananas
1/2 Apfel · 1 EL Öl

1 Den Lauch putzen, waschen und in Ringe schneiden. In Salzwasser bissfest blanchieren, kalt abschrecken und abtropfen lassen.

2 Die Brühe mit Sahne, Kokosmilch und Curry in einem Topf erhitzen und die Butter mit dem Stabmixer unterrühren. Den Knoblauch schälen und in Scheiben schneiden. Mit dem Ingwer und der Zitronenschale in die Suppe geben, einige Minuten darin ziehen lassen und wieder entfernen. Die Suppe mit Salz, Cayennepfeffer und nach Belieben mit etwas Curry abschmecken.

3 Die Poulardenbrustfilets waschen, trockentupfen und in 1 bis 2 cm große Würfel schneiden. Die Schalotten schälen und in kleine Würfel schneiden. Mango, Ananas und Apfel schälen, aus der Ananas den Strunk herausschneiden und den Apfel entkernen. Alle Früchte in 1 cm große Würfel schneiden.

4 Das Öl in einer großen Pfanne erhitzen und die Schalottenwürfel darin bei milder Hitze glasig dünsten. Das Geflügelfleisch dazugeben, rundum hell anbraten und leicht salzen. Mit dem Lauch und den Früchten in die Suppe geben und 3 bis 5 Minuten darin ziehen lassen. Die Mulligatawny-Suppe nach Belieben nachwürzen und in vorgewärmte Suppenteller oder -tassen verteilen.

Tipp:

Wer gern scharf isst, kann mit dem Fleisch und den Früchten noch 1 klein gewürfelte rote Chilischote in die Suppe geben.

Pfefferwasser, »mullaga tanni«, so lautet der Name des südindischen Originalrezepts – dies trifft zwar nicht auf die Zutaten, wohl aber auf den Geschmack der Suppe zu, die in ihrer Heimat, dank der reichlichen Verwendung von Currypulver, höllisch scharf ist. Ende des 18. Jahrhunderts nahmen sich die englischen Kolonialherren des Rezepts an, reduzierten die Currymenge auf ein ihnen verträgliches Maß und gaben heimisches Gemüse wie Tomaten, Gurken und Eierkürbisse mit in die Brühe. So wurde aus der »mullaga tanni« die englische Mulligatawny Soup. Dies ist nicht nur eine sprachliche Schlamperei, sondern auch eine arrogante Verhöhnung ihrer Erfinder: Als »mullis« bezeichneten die Engländer im 18./19. Jahrhundert nämlich herablassend die einheimischen Regierungsbediensteten in Madras am Golf von Bengalen, einer der vier regionalen Hauptstädte des einstigen Britisch-Indien. Zu unerwarteter Berühmtheit hat der Mulligatawny-Suppe bei uns der Silvester-Klassiker »Dinner for one« verholfen. Hier ist die Suppe der erste Gang des Geburtstagsmenüs, das Miss Sophie mit ihren imaginären Gästen zelebriert. Und wenn Butler James fragt, ob er Sherry zur Mulligatawny servieren solle, kennt jeder bereits die Antwort. Schließlich ist es »the same procedure as every year«…

Pichelsteiner Eintopf

(Für 4 Personen)

200 g Kalbfleisch (aus der Schulter)
200 g Rindfleisch (aus der Schulter)
1–2 EL Öl · 1,5 l Gemüsebrühe
2 mittelgroße
fest kochende Kartoffeln
2 Möhren · 1 Petersilienwurzel
2 Zwiebeln · 150 g Knollensellerie
1/2 Stange Lauch · 200 g Weißkohl
1 EL schwarze Pfefferkörner
1 EL Pimentkörner · 1 Lorbeerblatt
1 EL Butter
Salz · Cayennepfeffer
gemahlener Kümmel
getrocknetes Bohnenkraut
1 Knoblauchzehe · 1 Scheibe Ingwer
1 Streifen unbehandelte
Zitronenschale
1 EL gehackte Petersilie

1 Vom Fleisch die Sehnen entfernen (oder bereits beim Metzger entsehnen lassen) und das Fleisch in 1 1/2 cm große Würfel schneiden. Das Öl in einem Schmortopf erhitzen und das Fleisch darin bei mittlerer Hitze portionsweise anbraten, sodass die Fleischwürfel nebeneinander ausreichend Platz beim Braten haben, und herausnehmen. Das gesamte Fleisch wieder hineingeben, die Brühe dazugießen und knapp unter dem Siedepunkt 1 Stunde ziehen lassen, den dabei aufsteigenden Schaum entfernen.

2 In der Zwischenzeit Kartoffeln, Möhren, Petersilienwurzel, Zwiebeln und Sellerie schälen und in etwa 1 1/2 cm große Würfel schneiden. Lauch und Weißkohl putzen und waschen, aus dem Weißkohl den Strunk herausschneiden. Beides in 1 1/2 cm breite Streifen schneiden. Pfeffer- und Pimentkörner sowie das Lorbeerblatt in ein Gewürzsäckchen binden.

3 Die Butter in einem Topf zerlassen und das Gemüse darin bei milder Hitze andünsten. Mit dem Gewürzsäckchen in die Suppe geben und knapp unter dem Siedepunkt weitere 30 Minuten weich ziehen lassen.

4 Den Eintopf mit Salz, Cayennepfeffer sowie je 1 Prise Kümmel und Bohnenkraut würzen. Den Knoblauch schälen und halbieren, mit Ingwer und Zitronenschale in den Eintopf geben, einige Minuten darin ziehen lassen und wieder entfernen. Den Pichelsteiner Eintopf in vorgewärmte Suppenteller oder -tassen verteilen und mit Petersilie bestreuen.

Wenn einer in Niederbayern von sich behauptete, er sei nicht auf der Brennsuppe dahergeschwommen, dann bedeutete dies ursprünglich, dass er kein Kind armer Leute ist und nicht nur mit einer wässrigen Mehlschwitze großgezogen wurde. Nach gehaltvolleren Suppenrezepten muss man in dieser Region auch nicht lange suchen, denn direkt vor der Haustür ist im Bayerischen Wald (genauer gesagt in Regen) der Pichelsteiner Eintopf zu Hause. Um die Erfindung dieses deftigen Magenwärmers, den man im Ausland für so typisch deutsch hält wie Bratwurst mit Sauerkraut, ranken sich mehrere lokale Legenden. Die wohl am häufigsten zitierte Geschichte will wissen, dass die Suppe erstmals anno 1847 bei einem gemütlichen Beisammensein auf dem Hausberg der Regener, dem 862 Meter hohen Büchelstein, serviert wurde. Eigens zu diesem Anlass habe die Wirtin Auguste Winkler eine Suppe aus dreierlei Sorten Fleisch, Kartoffeln, Gemüse und Gewürzen zubereitet. Aus »Büchelsteiner« sei dann der Name »Pichelsteiner« entstanden. Ob die Geschichte wahr ist oder nicht – seit 1874 ist es jedenfalls in Regen Brauch, dass sich alljährlich Ende Juli alles um das kulinarische Wahrzeichen dreht: Dann wird mit Umzügen, Eintopf und Feuerwerk das Pichelsteinerfest gefeiert. Möge das Original hier noch lange in Ehren gehalten werden!

Klare Ochsenschwanzsuppe

(Für 4 Personen)

1 kg Ochsenschwanz · 3 EL Öl
5 EL Madeira · 350 ml Weißwein
2 l Gemüsebrühe
(oder Geflügelbrühe)
2 Zwiebeln · 1 Möhre
1 Stange Staudensellerie
150 g Lauch
1 Lorbeerblatt
5 Wacholderbeeren
1/2 TL gelbe Senfkörner
je 5 Koriander- und Pimentkörner
1 TL schwarze Pfefferkörner
1 Thymianzweig
1 Streifen unbehandelte
Zitronenschale
2 Scheiben Knoblauch · Salz
1 Spritzer Sherry (halbtrocken)

1 Den Ochsenschwanz in den Gelenken durchtrennen. In einem großen Schmortopf 2 EL Öl erhitzen, den Ochsenschwanz darin bei mittlerer Hitze rundum anbraten und herausnehmen. Den Bratensatz mit Madeira und Wein ablöschen und auf ein Drittel einkochen lassen. Die Ochsenschwanzstücke wieder hineinlegen, die Brühe dazugießen und knapp unter dem Siedepunkt etwa 3 Stunden ziehen lassen. Den dabei aufsteigenden Schaum und das Fett zwischendurch weitgehend entfernen.

2 In der Zwischenzeit Zwiebeln und Möhre schälen, Staudensellerie und Lauch putzen und waschen. Alle Gemüsesorten zerkleinern. Das restliche Öl in einer Pfanne erhitzen und das Gemüse darin andünsten. Mit Lorbeerblatt, Wacholderbeeren, Senf-, Koriander-, Piment- und Pfefferkörnern zur Suppe geben und weitere 30 Minuten ziehen lassen, bis das Fleisch weich ist.

3 Die Ochsenschwanzstücke herausnehmen, etwas abkühlen lassen und das Muskelfleisch von den Knochen lösen. Die Suppe vorsichtig durch ein mit einem geruchsfreien Küchentuch ausgelegtes Sieb gießen.

4 Thymian, Zitronenschale und Knoblauch in die Suppe geben, einige Minuten darin ziehen lassen und wieder entfernen. Die Suppe mit Salz und Sherry abschmecken und das Fleisch darin erwärmen. Die Ochsenschwanzsuppe in vorgewärmte Suppenteller oder -tassen verteilen.

Die Engländer haben ein so inniges Verhältnis zur Ochsenschwanzsuppe (»Oxtailsoup«), dass sie sie meist nur liebevoll »O-soup« nennen. Dabei kämen wohl nur die wenigsten auf die Idee, dass ihre vermeintliche »Nationalsuppe« gar nicht auf der Insel erfunden wurde. Aber genau das behaupten ausgerechnet die Franzosen, die alten »Erzrivalen« jenseits des Kanals, die ihrerseits Ansprüche anmelden, die wahren Väter des Suppen-Klassikers zu sein: Demnach sei das Gericht nach der Französischen Revolution (1789–1799) entstanden, die den Adligen den Kopf und ihren Köchen den Arbeitsplatz gekostet hatte. Letztere konnten sich nun darauf konzentrieren, die Bäuche der Bürger zu füllen. Auf den Speisekarten der Restaurants, die damals in Paris wie Pilze aus dem Boden schossen, tauchte recht bald auch Ochsenschwanz auf – zunächst als Ragout, später jedoch vor allem als Suppe. Französische Köche, die im 19. Jahrhundert nach England gingen, nahmen das Rezept mit und wandelten es entsprechend den englischen Gewohnheiten zu einer klaren Ochsenschwanzsuppe ab. Einen Erfolg können die Engländer also doch für sich verbuchen – dass die bei ihnen populäre Variante der »Oxtailsoup« schließlich in aller Munde war.

Borschtsch

(Für 4 Personen)

400 g Rinderbrust · 1 EL Öl
ca. 2 l Gemüsebrühe · Salz
3 Zwiebeln
1 Lorbeerblatt · 2 Gewürznelken
1 Rote Bete · ganzer Kümmel
1 Möhre · 120 g Knollensellerie
1 fest kochende Kartoffel
1/8–1/4 Kopf Weißkohl
80 g Lauch
1 EL Butter
2 Knoblauchwürste
(oder Debrecziner)
3 Scheiben Knoblauch
Cayennepfeffer
gemahlener Kümmel
1 EL Rotweinessig
frisch geriebene Muskatnuss
4 EL saure Sahne
einige Dillspitzen

1 Die Rinderbrust trockentupfen und in einem Topf im Öl bei mittlerer Hitze rundum anbraten. So viel Brühe dazugießen, dass das Fleisch gut bedeckt ist, leicht salzen und bis knapp unter dem Siedepunkt erhitzen.

2 Eine Zwiebel ungeschält quer halbieren und die Schnittflächen in einer unbeschichteten Pfanne ohne Fett dunkel bräunen. Eine Zwiebel schälen, mit dem Lorbeerblatt belegen und dieses mit den Nelken feststecken. Die gebräunten Zwiebelhälften und die gespickte Zwiebel in den Topf zum Fleisch geben und alles bei milder Hitze 3 Stunden ziehen lassen, bis das Fleisch weich ist. Den dabei aufsteigenden Schaum entfernen.

3 Das Fleisch herausnehmen, etwas abkühlen lassen, erst in dünne Scheiben, dann in etwa 1 1/2 cm breite Streifen schneiden. Die Suppe vorsichtig durch ein feines Sieb gießen.

4 Die Rote Bete in reichlich Salzwasser mit 1 Prise Kümmel gut 1 Stunde weich kochen und schälen. Möhre, restliche Zwiebel, Sellerie und Kartoffel schälen. Weißkohl putzen und den Strunk herausschneiden, Lauch putzen und waschen. Alle Gemüsesorten in etwa 3 cm lange Streifen schneiden. Die Butter in einer großen Pfanne zerlassen und das Gemüse – bis auf die Rote Bete – darin bei milder Hitze andünsten. In die Suppe geben und knapp unter dem Siedepunkt 5 bis 10 Minuten bissfest garen.

5 Die Wurst in Scheiben schneiden, mit dem Fleisch, der Roten Bete und dem Knoblauch in den Eintopf geben und langsam erwärmen. Mit Salz, Cayennepfeffer, 1 Prise Kümmel und Essig herzhaft würzen.

6 Jeweils etwas Muskatnuss in vorgewärmte Suppenteller oder -tassen reiben und den Borschtsch darin verteilen. Mit je 1 EL saurer Sahne und dem Dill garnieren.

Wenn du ein gutes Weib und einen guten Borschtsch hast, kannst du mit deinem Leben zufrieden sein, behauptet ein ukrainisches Sprichwort. Das innige Verhältnis der Ukrainer zum Borschtsch hat einen einfachen Grund: Das früher im Westen des Russischen Reiches gelegene Land gilt als die Geburtsstätte des herzhaften Eintopfs, der traditionell mit einem Löffel saurer Sahne gekrönt auf den Tisch kommt. Seinen Namen verdankt das Gericht einer regionalen Gemüseart namens Bortschewik aus der Familie der Schirmblütler. Es heißt, wenn man 100 Ukrainer nach dem Originalrezept von Borschtsch fragt, bekommt man 101 verschiedene Antworten. Und tatsächlich gibt es zahlreiche Versionen, die allerdings einen kleinsten gemeinsamen Nenner haben: Weißkohl, Zwiebeln, Kartoffeln und Rote Bete sind unersetzbar. Letztere wird entweder von Beginn an mitgekocht oder erst am Schluss dazugegeben. Ob Rind-, Schweine- oder gar geräuchertes Fleisch dazugehört, ist in der Ukraine letztlich eine Frage des Geschmacks und des Geldbeutels. In Russland, das den Borschtsch international bekannt gemacht hat, isst man ihn übrigens nicht nur als wärmende Wintermahlzeit, sondern auch gekühlt als erfrischendes Sommeressen.

Chili con carne

(Für 4 Personen)

100 g getrocknete rote Bohnen (oder 200 g rote Bohnen aus der Dose)
2 fest kochende Kartoffeln
1 große Zwiebel
3 EL Olivenöl
600 g grobes Rinderhackfleisch
1–2 EL Tomatenmark
1–2 EL Tomatenketchup
1 l Geflügelbrühe
1 Lorbeerblatt · 1 Knoblauchzehe
1 Scheibe Ingwer · 1 rote Chilischote
1/2 TL gemahlener Kreuzkümmel
1/2 TL gemahlener Koriander
1 TL abgeriebene unbehandelte Zitronenschale · Salz
200 g Tomatenstücke (aus der Dose)
2 EL gehackte Petersilie

1 Die Bohnen über Nacht in Wasser einweichen. Am nächsten Tag abgießen, in reichlich Wasser knapp 2 Stunden weich köcheln und auf einem Sieb abtropfen lassen. Bohnen aus der Dose in ein Sieb gießen, mit kaltem Wasser kurz waschen und abtropfen lassen.

2 Die Kartoffeln schälen, waschen und in 1 cm große Würfel schneiden. Die Zwiebel schälen und in kleine Würfel schneiden. In einem großen, breiten Topf 2 EL Olivenöl erhitzen und die Zwiebel darin bei mittlerer Hitze glasig dünsten. Das Rinderhack dazugeben und krümelig braten.

3 Tomatenmark und Ketchup dazugeben und kurz anschwitzen lassen. Die Brühe dazugießen, sodass das Fleisch gut bedeckt ist, und bei milder Hitze mindestens 1 Stunde köcheln lassen. Nach 30 Minuten die Kartoffeln und das Lorbeerblatt hinzufügen.

4 Den Knoblauch schälen und in Scheiben schneiden, den Ingwer schälen und zerkleinern. Die Chilischote längs halbieren, entkernen, waschen und klein schneiden. Knoblauch, Ingwer, Chili, Kreuzkümmel, Koriander, Zitronenschale und restliches Olivenöl in einem Mörser zu einer feinen Paste verarbeiten.

5 Den Eintopf mit Salz und der Gewürzpaste würzen, die Bohnen und Tomatenstücke hinzufügen und 5 Minuten ziehen lassen. Das Chili con carne in vorgewärmte Suppenteller oder -tassen verteilen und mit Petersilie bestreuen. Nach Belieben jeweils 1 EL saure Sahne darauf setzen.

Chili con carne ist eine amerikanische Erfindung – das sagen auch die Mexikaner, denen dieses Gericht oft irrtümlicherweise zugeschrieben wird. Erstmals wurde der teuflisch scharfe Eintopf vermutlich im 18. Jahrhundert im Süden Nordamerikas zubereitet, als der heutige US-Bundesstaat Texas noch der spanischen Krone gehörte. Mehrere Städte streiten darum, der Geburtsort der Suppe zu sein, ohne jedoch konkrete Beweise ins Feld führen zu können. Im texanischen San Antonio verkauften jedenfalls seit Beginn des 19. Jahrhunderts so genannte »Chili queens« allerlei pikante Spezialitäten, zu denen auch eine Art Chili con carne zählte. Die hohe Dosis an scharfen Gewürzen sollte wohl ursprünglich den Geruch des nicht mehr ganz frischen Fleisches überdecken. Um 1850 hatten die Cowboys, die mit ihren Rinderherden durch Texas bis nach Kalifornien zogen, »Chili bricks« aus getrocknetem Rindfleisch, Fett, Chilischoten, Salz und Pfeffer im Gepäck. Diese Ziegel wurden unterwegs eingeweicht und über dem Lagerfeuer gegart. Was in ein Chili gehört und welches das ultimative Rezept ist, darüber lässt sich ewig streiten. Seit 1968 wird in dem kleinen Ort Terlingua nördlich der mexikanischen Grenze sogar alle zwei Jahre die Weltmeisterschaft im Chili-Kochen ausgetragen. Das Problem ist allerdings, dass sich die Jury bei den Blindverkostungen regelmäßig den Mund verbrennt…

Irish Stew

(Für 4 Personen)

400 g Lammfleisch (aus der Schulter)
1–2 EL Öl
2 l Gemüsebrühe (oder Geflügelbrühe)
3 Zwiebeln · 150 g Knollensellerie
2 Möhren
500 g kleine fest kochende Kartoffeln
500 g Weißkohl
1 EL Butter
1 Knoblauchzehe
1 Streifen unbehandelte Zitronenschale
Salz · Cayennepfeffer
$1/2$ TL getrocknetes Bohnenkraut
1 TL Currypulver
gemahlener Kümmel

1 Das Lammfleisch in etwa 2 cm große Würfel schneiden. Das Öl in einem Schmortopf erhitzen und das Fleisch darin bei mittlerer Hitze portionsweise anbraten, sodass das Fleisch beim Braten ausreichend Platz hat, und herausnehmen. Das gesamte Fleisch in den Topf zurückgeben, mit der Brühe bedecken, einen Deckel so auflegen, dass noch ein Spalt frei bleibt, und knapp unter dem Siedepunkt gut 1 Stunde garen.

2 In der Zwischenzeit Zwiebeln, Sellerie, Möhren und Kartoffeln schälen. Zwiebeln, Sellerie und Möhren in Streifen, die Kartoffeln in Scheiben schneiden. Den Weißkohl putzen, waschen und in Streifen schneiden, dabei den Strunk entfernen. Die Butter in einem Topf zerlassen und das Gemüse darin bei milder Hitze andünsten. Zum Fleisch in die Brühe geben und knapp unter dem Siedepunkt weitere 30 Minuten ziehen lassen, bis das Fleisch weich ist.

3 Knoblauch schälen und halbieren. Mit der Zitronenschale in den Eintopf geben, einige Minuten darin ziehen lassen und wieder entfernen. Das Irish Stew mit Salz, Cayennepfeffer, Bohnenkraut, Curry und 1 Prise Kümmel würzen und in vorgewärmte Suppenteller oder -tassen verteilen.

Tipp:

Traditionell werden Fleisch und Gemüse in einen Topf geschichtet und zusammen mindestens 1 Stunde gegart. Hier wird das Gemüse erst später dazugegeben, so bleibt es noch leicht bissfest.

Das »irische Schmorgericht«, so die wörtliche Übersetzung von Irish Stew, ist in der ganzen Welt bekannt, auch wenn es in seiner Heimat längst nicht mehr so hoch im Kurs steht wie in früheren Zeiten. Zu Unrecht halten viele den deftigen Eintopf für ein Armeleuteessen mit wenig Raffinesse, denn richtig zubereitet ist er ein wahres Labsal an kalten Herbst- und Winterabenden. In handschriftlich überlieferten Rezepten aus dem 18. und 19. Jahrhundert enthält Irish Stew lediglich Hammelfleisch, Zwiebeln und Kartoffeln – mittlerweile gibt es natürlich unzählige Varianten. Darüber, ob Möhren in einen »echten« Irish Stew gehören, werden bis heute heftige Debatten geführt. Aufgeschlossenere Geister erlauben neben Möhren sogar Rindfleisch, Sellerieknollen, weiße Rüben und Perlgraupen – für Traditionalisten geradezu eine Horrorvorstellung! So oder so: Das satt machende Ragout muss möglichst lange in einem eisernen Topf ungestört vor sich hin köcheln und wird je nach Jahreszeit und Geldbeutel durch zahlreiche Essensreste individuell verfeinert. Dem englischen Dichter Lord Byron (1788–1824) war der Eintopf jedenfalls suspekt. Seiner Meinung nach »speist der Teufel in einem Irish Stew« – das heißt, man kann nie genau wissen, was einen eigentlich erwartet.

Giuseppe Verdi komponierte nicht nur Opern, sondern auch Gerichte.

Fisch

Steinbutt Aida

Bouillabaisse mit Rouille

(Für 4 Personen)

Für die Bouillabaisse:
500 g gemischte Fischfilets
(z. B. Dorade, Knurrhahn,
Meeräsche, Rotbarbe;
ohne Haut und Gräten)
300 g Muscheln · Salz
(z. B. Mies- oder Venusmuscheln)
1 kleine Petersilienwurzel
1/2 kleine Stange Lauch
1 Stange Staudensellerie
1/2 kleine Fenchelknolle
80 g Champignons
2 EL Olivenöl
1 TL Anislikör · 4 EL Weißwein
1 l Gemüsebrühe · 1 Knoblauchzehe
1 kleines Döschen Safranfäden
1 Thymianzweig

Für die Rouille:
1/2 rote Paprikaschote · Salz
2 Knoblauchzehen
1/2 kleine gekochte Kartoffel
6–8 Safranfäden · 1 TL Dijon-Senf
1 Eigelb · 1/2 TL grobes Meersalz
Pfeffer aus der Mühle
150 ml Olivenöl · 1/2 Baguette

1 Für die Bouillabaisse die Fischfilets waschen, trockentupfen und in mundgerechte Würfel schneiden. Die Muscheln unter fließendem kaltem Wasser gründlich säubern, geöffnete Muscheln aussortieren. Die Muscheln in einem Topf in etwas Salzwasser zugedeckt 1 bis 2 Minuten dämpfen, bis sie sich öffnen. Die Muscheln mit der Schaumkelle herausnehmen, geschlossene Muscheln entfernen. Das Muschelfleisch aus den Schalen lösen.

2 Die Petersilienwurzel schälen, den Lauch, den Staudensellerie und den Fenchel putzen und waschen. Die Champignons putzen, nicht waschen. Alle Gemüsesorten klein schneiden.

3 Das Olivenöl in einem Topf erhitzen und Petersilienwurzel, Fenchel und Sellerie darin glasig dünsten. Den Lauch hinzufügen und kurz mitdünsten. Mit Anislikör und Wein ablöschen, die Brühe dazugießen und das Gemüse darin bissfest garen. Den Knoblauch schälen, halbieren und mit Champignons, Safranfäden und Thymian zum Gemüse geben.

4 In einem Topf Salzwasser aufkochen, vom Herd nehmen, die Fischstücke 1 bis 2 Minuten darin garen, mit der Schaumkelle herausnehmen und in die Fischsuppe geben. In der Suppe 2 bis 3 Minuten ziehen lassen. Die Muscheln hinzufügen und kurz erwärmen. Knoblauch und Thymian wieder entfernen.

5 Für die Rouille die Paprikaschote halbieren, entkernen und waschen. In Salzwasser blanchieren, kalt abschrecken, häuten und grob zerkleinern. Den Knoblauch und die Kartoffel schälen und zerkleinern.

6 Paprika-, Knoblauch- und Kartoffelstücke mit Safran, Senf, Eigelb, Meersalz und Pfeffer im Mixer pürieren. Dabei nach und nach das Olivenöl und so viel Fischsuppe (nur Flüssigkeit) dazugeben, bis eine cremige Sauce entsteht. Das Baguette in Scheiben schneiden, mit der Rouille bestreichen und zur Bouillabaisse servieren.

Um die »Königin der Fischsuppen« wird in Marseille ein Kult getrieben wie andernorts um die Weißwurst oder die Mozartkugel. Der Sage nach soll die Liebesgöttin Venus ihren Mann Vulkan mit der Suppe abgelenkt haben, um sich ungestört mit Mars vergnügen zu können. Tatsächlich war die Bouillabaisse ursprünglich alles andere als ein Feinschmecker-, geschweige denn ein Göttermahl. Vielmehr wurde sie – wie viele andere Gerichte – aus der Not heraus geboren. Denn Bouillabaisse bürgerte sich im Laufe der Zeit als Name für eine Suppe ein, die sich arme Fischer einst aus den unverkäuflichen »Abfällen« (baisse) ihres Fangs köchelten (bouillir); dabei wanderten weniger edle Fische wie Drachenkopf, Knurrhahn und Meeraal in ihre Töpfe. Die erste Bouillabaisse heutiger – recht zeitaufwändiger und raffinierter – Machart erfand ein Marseiller Gastronom wohl erst in der ersten Hälfte des 19. Jahrhunderts. Mittlerweile gibt es für das berühmte Traditionsgericht fast ebenso viele Rezepte wie Köche. Einig ist man sich aber, dass in eine anständige Bouillabaisse mindestens vier verschiedene Fische gehören und Safran als Gewürz unverzichtbar ist.

Graved Lachs

(Für 4 Personen)

200 g Dill
100 g Petersilie
Zesten von je 1/2 unbehandelten Orange und Zitrone
1 EL Senfkörner
1 EL Korianderkörner
1 TL Wacholderbeeren
1 EL Zucker · Salz
800 g Lachsfilet (mit Haut)
2 EL Olivenöl

1 Für die Beize Dill und Petersilie waschen, trockenschütteln und mit den Stielen grob hacken. Die Kräuter mit den Orangen- und Zitronenzesten, Senf- und Korianderkörnern, angedrückten Wacholderbeeren, Zucker sowie 20 g Salz gut vermischen.

2 Das Lachsfilet waschen, trockentupfen und eventuell vorhandene Gräten entfernen. Den Lachs mit der Hautseite nach unten in eine entsprechend große Form oder einen Bräter legen, die Beize großzügig über das Lachsfilet verteilen und mit dem Olivenöl beträufeln.

3 Den Lachs mit Frischhaltefolie zudecken und im Kühlschrank 2 Tage ziehen lassen. Danach das Lachsfilet wenden und nochmals 1 Tag ziehen lassen. Die Beize vom Lachs entfernen, den Lachs trockentupfen und in dünne Scheiben schneiden.

Tipp:

Wenn Sie ein Vakuumiergerät besitzen, verteilen Sie die Marinade möglichst gleichmäßig auf dem Fisch und schweißen Sie den Lachs in einen Vakuumierbeutel ein. So vorbereitet, kommt er für 2 1/2 bis 3 Tage in den Kühlschrank, muss nicht gewendet werden und die Marinade zieht durch den leichten Druck gut in den Fisch ein.

Man glaubt es heute kaum, aber Lachs galt noch vor wenigen Jahrzehnten als eine selten angebotene und recht teure Delikatesse. Dass er zum erschwinglichen Speisefisch wurde, dafür sorgten die Aquafarmen (vor allem vor der norwegischen Küste), wo man die Tiere in riesigen Käfigen bis zur Schlachtreife mästet. Damit ist der Zuchtlachs fast wieder das, was der Wildlachs in vergangenen Jahrhunderten schon einmal war: ein Massenspeisefisch. In Norwegen jedenfalls ließ sich einst das Dienstpersonal im Arbeitsvertrag garantieren, Lachs nicht häufiger als zweimal pro Woche essen zu müssen. Und auch in Köln regelte Anfang des 19. Jahrhunderts ein Erlass, dass die »Gemeinen« nicht öfter als dreimal wöchentlich den ungeliebten, weil im Überfluss vorhandenen Rheinlachs essen mussten. Gegenwärtig stellt sich die Geschmacksfrage anders, ist deshalb aber nicht einfacher zu beantworten, denn ob der heute sehr viel teurere Wildlachs besser schmeckt als der erschwingliche Zuchtlachs, ist selbst bei Kennern umstritten. Eine der beliebtesten und bekanntesten Lachsvariationen, die heute auf kaum einem Brunch-Büfett fehlen darf, ist der so genannte Graved Lachs (auch Gravad Lax oder Gravlax), eine skandinavische Spezialität. Der Name geht auf die im Norden wohl schon im Mittelalter gepflegte Tradition zurück, den Lachs zur Konservierung mit Salz, Zucker, Pfeffer und Dill einzureiben und ihn anschließend für mehrere Wochen in einem Erdloch zu vergraben. Der Graved Lachs, also der »vergrabene Lachs«, verlor durch den Druck des Erdreichs und die hygroskopische Wirkung des Salzes Flüssigkeit und nahm im Gegenzug die Aromen der Würzzutaten auf. Heute ist er einfacher herzustellen – da kommt der Fisch nicht mehr unter die Erde, sondern in den Kühlschrank…

Bismarckhering

(Für 4 Personen)

12 grüne Heringe (vom Fischhändler filetieren und entgräten lassen)
Salz · 2 Zwiebeln
1/2 l Weißweinessig · 2 EL Zucker
2 Lorbeerblätter · 5 Pimentkörner
3 Wacholderbeeren
1/2 TL Senfkörner
1/2 TL schwarze Pfefferkörner
1 Streifen unbehandelte Zitronenschale

1 Die Heringsfilets waschen, trockentupfen, kräftig salzen und im Kühlschrank 2 bis 3 Stunden ziehen lassen. Das Salz abwaschen, die Heringsfilets trockentupfen und in ein passendes Gefäß legen.

2 Für den Sud die Zwiebeln schälen und in Ringe schneiden. 1/2 l Wasser mit dem Essig, den Zwiebeln, 40 g Salz, dem Zucker und den restlichen Gewürzen aufkochen und abkühlen lassen. Die Marinade über die Heringe gießen, sodass sie bedeckt sind, und die Heringe an einem kühlen Platz 2 Tage ziehen lassen.

Tipp:

Als grüne Heringe werden die fangfrischen unbehandelten Heringe bezeichnet. Hält man einen Hering gegen das Sonnenlicht, schimmert er grün-silbrig, der Kopf ist grün.

Kaviar, geräucherter Aal, Königsberger Klopse, Hausmacherwurst, Kartoffelsalat und einiges mehr musste nach Angaben von Augenzeugen aufgetischt werden, wenn Otto von Bismarck (1815–1898) ein »leichtes« Mittagsmahl zu sich zu nehmen wünschte. Der Reichskanzler war für seine zügellose Völlerei bekannt, zum Frühstück 16 Eier zu essen war für ihn ebenso wenig ein Problem wie bei einem Bankett 150 Austern zu schlürfen. Dass dies nicht ohne Folgen für seine Gesundheit blieb, ist kein Wunder. Es überrascht aber auch nicht, dass man Bismarck schon zu Lebzeiten immer wieder kulinarische Spezialitäten und Gerichte widmete. Das bekannteste Beispiel ist der Bismarckhering, der sich heute vor allem als Katerfrühstück großer Beliebtheit erfreut. Wie der kopflose, eingelegte Hering zu dieser Ehre kam, lässt sich allerdings nicht mehr mit Sicherheit klären. Als sein möglicher Erfinder gilt der Stralsunder Fischhändler Johann Wiechmann, der dem Kanzler – so will es eine oft erzählte Geschichte – als Geburtstagsgeschenk und auch anlässlich der Reichsgründung 1871 ein Fässchen mit eingelegten Heringen nach Berlin schickte. Da Bismarck sich in einem persönlichen Schreiben dafür bedankte, fühlte sich der Fischhändler ermutigt, den Kanzler untertänigst darum zu bitten, seine Spezialität künftig als »Bismarck-Hering« verkaufen zu dürfen. Der Kanzler bewilligte dieses Privileg in einem weiteren Schreiben, das bis 1944 im Büro des Wiechmann-Enkels Johann hing. Leider brannte die Fischfabrik beim Bombenangriff auf Stralsund ab – und mit ihr Bismarcks Dokument. Doch die Urenkelin Lisa Böse, geborene Wiechmann, hat noch 2001 bezeugt, dass diese Geschichte stimmt – und der Bismarckhering in Stralsund erfunden wurde!

Rotbarbe auf Fenchelgemüse

(Für 4 Personen)

Für das Gemüse:
2 Fenchelknollen (mit Grün)
200 g Cocktailtomaten
3 EL Olivenöl
100 ml Gemüsebrühe
Salz · Pfeffer aus der Mühle
Cayennepfeffer
1 Knoblauchzehe
1 Rosmarinzweig
2 EL Fenchelsamen

Für den Fisch:
4 mittelgroße Rotbarben
(à ca. 150 g; küchenfertig)
Salz · Pfeffer aus der Mühle
2 Knoblauchzehen
4 Streifen unbehandelte Zitronenschale
4 Rosmarinzweige
2 EL Olivenöl

1 Für das Gemüse den Fenchel putzen, waschen und längs in etwa 3 mm dicke Scheiben schneiden. Das Fenchelgrün klein schneiden und beiseite legen. Die Cocktailtomaten waschen und halbieren.

2 Den Fenchel in einer ofenfesten Pfanne in 2 EL Olivenöl bei milder Hitze auf beiden Seiten anbraten. Die Cocktailtomaten hinzufügen, die Brühe dazugießen und mit Salz, Pfeffer und Cayennepfeffer würzen. Den Knoblauch schälen, halbieren und mit dem Rosmarin dazugeben. Das Gemüse in eine große Auflaufform füllen.

3 Für die Rotbarben den Backofen auf 100 °C vorheizen. Die Rotbarben innen und außen waschen, trockentupfen und mit Salz und Pfeffer würzen. Den Knoblauch schälen und halbieren. Je 1/2 Knoblauchzehe, 1 Streifen Zitronenschale und 1 Rosmarinzweig in die Bauchhöhle der Fische geben.

4 Die Rotbarben in einer großen Pfanne im Olivenöl auf beiden Seiten anbraten, auf das Gemüse legen und im vorgeheizten Backofen 15 bis 20 Minuten fertig garen.

5 Die Fenchelsamen in einer Pfanne ohne Fett rösten, bis sie zu duften beginnen. Abkühlen lassen und in eine Gewürzmühle füllen. Die Rotbarben vom Gemüse nehmen, Knoblauch und Rosmarin aus dem Gemüse entfernen. Das restliche Olivenöl und das Fenchelgrün untermischen und das Gemüse mit Salz, Pfeffer, Cayennepfeffer und frisch gemahlenen Fenchelsamen würzen. Das Fenchelgemüse auf vorgewärmte Teller verteilen und die Rotbarben darauf anrichten.

Meerbarben sind von jeher äußerst beliebte Speisefische. Schon die alten Griechen liebten das schmackhafte Fleisch der Tiere, die sie auch ihrer Göttin Hekate weihten. Die Römer betrieben einen wahren Barbenkult, für das begehrte Luxusgut zahlte man Unsummen – wenn man zahlen konnte. Kaiser Tiberius (14 v. Chr.–37 n. Chr.) sah sich sogar gezwungen, die Preise zu begrenzen. Schließlich waren die italienischen Küsten leer gefischt, die Meerbarben mussten von den Küsten Korsikas und Südfrankreichs importiert werden. Dass die Fische so beliebt waren, lag allerdings nicht nur am Wohlgeschmack ihres Fleisches; besonderen Gefallen hatte man an der sich ändernden Farbenpracht der Rotbarbe im Todeskampf. Der Schriftsteller Varro (116–27 v. Chr.) berichtet von einem römischen Staatsmann, der die Barben der Frische wegen von seinen Teichen über Wasserrinnen direkt bis an seinen Tisch leiten ließ. Anschließend ergötzte er sich am Wechselspiel der Farben, während die Fische in Tongefäßen starben. Ebenso war es beliebt, die Rotbarben lebend unter einer Glashaube auf beheizte Teller zu legen, um zu beobachten, wie sich ihre Farbe bei kleiner Flamme von Purpurrot über Blau und Violett zu Weiß veränderte. Solche Barbarei wird heute natürlich nicht mehr betrieben und die Frische der Fische garantieren moderne Kühlmethoden. Aber nach wie vor schätzen Kenner das zarte Fleisch der Meerbarben, das zudem bekömmlich, weil fettarm ist.

Fish & Chips

(Für 4 Personen)

Für die Chips:
2 kg große mehlig kochende Kartoffeln
Öl zum Frittieren · Salz

Für den Fisch:
100 g Mehl · 100 g Speisestärke
200 ml Bier
100 ml Milch · 2 Eigelb
etwas Worcestershiresauce
Cayennepfeffer
2 Eiweiß · 1 EL Zucker · Salz
800 g Fischfilet (z. B. Kabeljau, Schellfisch, Scholle, Seezunge; ohne Haut und Gräten)
etwas Zitronensaft

1 Für die Chips die Kartoffeln schälen, waschen und in 1 cm breite Stäbchen schneiden. Die Kartoffelstäbchen 1 Stunde in kaltes Wasser legen und auf einem Küchentuch abtropfen lassen.

2 Das Öl in der Fritteuse oder in einem großen Topf auf 130 °C erhitzen und die Kartoffelstäbchen darin portionsweise etwa 5 Minuten farblos vorbacken. Herausheben und auf Küchenpapier abtropfen lassen.

3 Für den Fisch Mehl und Speisestärke mischen. Bier, Milch und Eigelbe verrühren, die Worcestershiresauce und Cayennepfeffer hinzufügen und die Mehlmischung damit zu einem glatten Teig rühren. Die Eiweiße mit dem Zucker und 1 kräftigen Prise Salz cremig schlagen und vorsichtig unter die Mehlmischung heben.

4 Das Fischfilet waschen, trockentupfen, in Portionsstücke schneiden, durch den Backteig ziehen und abtropfen lassen. Das Öl auf 170 bis 180 °C erhitzen und die vorgebackenen Kartoffeln darin knusprig und goldgelb frittieren. Herausheben, auf Küchenpapier abtropfen lassen, salzen und warm halten.

5 Dann die Fischstücke im Öl goldbraun ausbacken und auf Küchenpapier abtropfen lassen. Salzen und mit Zitronensaft beträufeln. Die gebackenen Fischfilets mit den frittierten Kartoffeln anrichten.

Ein weit verbreitetes Vorurteil behauptet, die Engländer äßen sonntags immer Roastbeef und Yorkshire-Pudding und den Rest der Woche Fish & Chips (»Fishnchips« ausgesprochen), und zwar von einer der unzähligen Buden, die man an fast jeder Straßenecke findet. Zu dem kurz in Eierteig getauchten, frittierten Backfisch gehören notwendigerweise Pommes frites, die mit Salz und einem Spritzer Malzessig (»Vinegar«) gewürzt werden. Die Fish-&-Chips-Buden sind ein Relikt der industriellen Revolution, die im 18. Jahrhundert von der Insel ausging. Die Fabrikarbeiter benötigten damals billige und nahrhafte Speisen, die schnell zubereitet waren. Und genau das boten die Fish-&-Chips-Buden, ein warmes Essen, das man gleich vor Ort auf der Straße oder zu Hause essen konnte. Kartoffeln gab es im Überfluss und dank des ausgebauten Eisenbahnnetzes konnte man Fische in jeden Winkel des Landes bringen. Ob Scholle, Schellfisch, Kabeljau oder Dorsch: Jede Art von Fischfilet hatte die Chance, in Fett gebadet zu werden – Hauptsache, es kostete wenig. In Tüten aus Zeitungspapier – wie früher üblich – wird das klassenlose Fastfood allerdings schon lange nicht mehr verkauft; dies wurde wegen der giftigen Druckerschwärze verboten.

Forelle blau

(Für 4 Personen)

4 Bach- oder Seeforellen
(à 150–200 g; küchenfertig)
1/2 Möhre · 1/2 Petersilienwurzel
100 g Knollensellerie
1 kleine Zwiebel
1/4 Fenchelknolle
1/4 l Weißweinessig · 1/2 l Weißwein
Salz · 1 EL Zucker
1/2 unbehandelte Zitrone
5 Wacholderbeeren
1/2 TL gelbe Senfkörner
1/2 TL Korianderkörner
1 TL schwarze Pfefferkörner
1 Lorbeerblatt
1 EL Butter
Pfeffer aus der Mühle

1 Die Forellen unter fließendem kaltem Wasser innen waschen und abtropfen lassen. Die äußere Schleimschicht nicht abwaschen – sie gibt dem Fisch beim Garen den blauen Schimmer.

2 Möhre, Petersilienwurzel, Sellerie und Zwiebel schälen. Den Fenchel putzen und waschen. Alle Gemüsesorten in feine Streifen schneiden.

3 Essig und Wein mit 1,5 l Wasser in einen großen Topf füllen, die Gemüsestreifen hinzufügen, mit 1 EL Salz und Zucker würzen und bis knapp unter den Siedepunkt erhitzen.

4 Die Zitrone waschen und in Scheiben schneiden. Wacholderbeeren, Senf-, Koriander- und Pfefferkörner in ein Gewürzsäckchen binden, mit Zitronenscheiben und Lorbeerblatt zum Sud geben und 10 Minuten ziehen lassen. Dann die Fische hineinlegen und bei milder Hitze etwa 10 Minuten ziehen, aber nicht kochen lassen.

5 Die Forellen aus dem Sud heben und warm halten. Den Sud durch ein Sieb gießen, die Gewürze dabei entfernen. Die Butter in einer Pfanne zerlassen, die Gemüsestreifen darin nochmals erhitzen, mit Salz und Pfeffer würzen. Mit den Forellen auf vorgewärmten Tellern anrichten.

Tipp:

Sie können die Forellen vor dem Servieren auch filetieren.
Dazu passen Petersilienkartoffeln, flüssige Butter, braune Butter (siehe Tipp S. 14) oder Olivenöl, das mit etwas abgeriebener unbehandelter Zitronenschale gemischt wird.

Blau kochen heißt natürlich nicht, dass man beschwipst am Herd steht, auch wenn bei der Entdeckung dieser Garmethode wohl tatsächlich Alkohol mit im Spiel war. Fangfrische Forellen (aber auch andere Süßwasserfische) sind mit einem glasklaren Schleim überzogen, einer Art Aquagel, das den Reibungswiderstand der Haut reduziert und die Fische schneller durchs Wasser gleiten lässt. Siedet man die unbeschädigte (und deshalb erst kurz vor der Zubereitung vorsichtig ausgenommene) Forelle in einem Gemüsefond, dem ein Schuss Essig beigegeben ist, färbt sich die Haut der Forelle intensiv blau – und schon hat man »Forelle blau« auf dem Teller. Wie dies entdeckt wurde? In den Jahren 1482 bis 1484 produzierten die Winzer in Überlingen am Bodensee mehr Wein, als ihre Fässer aufnehmen konnten. Also wurde der überschüssige Rebensaft in allen möglichen Gefäßen offen gelagert, was ihm allerdings nicht gut bekam: Er wurde sauer. Das galt auch für den alten Wein, der in den Fässern schlecht und ungenießbar geworden war. 1484 blieb den Winzern nichts anderes übrig, als sämtliche Fässer auszuleeren, um Platz für die neue Ernte zu schaffen. Mehr als eine Million Liter essigsaurer Wein sollen in diesem Jahr in den Bodensee geflossen sein – und die in ihm lebenden Forellen blau gefärbt haben.

Fränkischer Weihnachtskarpfen

(Für 4 Personen)

Für den Kartoffelsalat:
1 kg vorwiegend fest kochende Kartoffeln · Salz
1/2 EL ganzer Kümmel
1 kleine Zwiebel · 2 EL Öl
400 ml Geflügelbrühe
3 EL Weißweinessig
1 EL scharfer Senf
Pfeffer aus der Mühle · Zucker
2 EL braune Butter (siehe S. 14)
2 EL Schnittlauchröllchen

Für den Fisch:
je 1 EL ganzer Kümmel, Zimtrinde, Piment- und Pfefferkörner sowie Wacholderbeeren
150 g doppelgriffiges Mehl
200 ml Bier
4 Karpfenfilets (à ca. 180 g; ohne Haut und Gräten) · Salz
70 g Butterschmalz · 70 ml Öl
etwas Zitronensaft

1 Für den Kartoffelsalat die Kartoffeln waschen und in Salzwasser mit dem Kümmel weich kochen. Das Wasser abgießen, die Kartoffeln abdampfen lassen und möglichst heiß schälen. In dünne Scheiben schneiden und in eine Schüssel geben.

2 Die Zwiebel schälen und in kleine Würfel schneiden. In einer Pfanne 1 EL Öl erhitzen, die Zwiebelwürfel darin bei milder Hitze glasig dünsten und die Pfanne vom Herd nehmen. Die Brühe erhitzen und Essig und Senf untermixen. Die Marinade mit Salz, Pfeffer und 1 Prise Zucker würzen und nach und nach mit den Zwiebeln unter die Kartoffeln mischen. Die braune Butter mit dem restlichen Öl hinzufügen und den Kartoffelsalat etwas ziehen lassen.

3 Für die Karpfen Kümmel, Zimt, Piment- und Pfefferkörner sowie Wacholderbeeren in eine Gewürzmühle füllen. Das Mehl auf einen Teller geben und die Gewürzmischung darüber mahlen. Das Bier in einen tiefen Teller geben.

4 Die Karpfenfilets waschen, trockentupfen, halbieren und salzen. Die Filets abwechselnd zweimal hintereinander zuerst im Mehl, dann im Bier und zum Schluss noch einmal im Mehl wenden.

5 Butterschmalz und Öl in einer großen Pfanne erhitzen. Die panierten Karpfenstücke darin bei milder Hitze rundum hell bräunen, auf Küchenpapier abtropfen lassen und mit Zitronensaft beträufeln. Den Kartoffelsalat nach Belieben noch etwas nachwürzen und den Schnittlauch untermischen. Die Karpfenfilets mit dem Kartoffelsalat auf vorgewärmten Tellern anrichten.

Der fränkische Aischgrund nordwestlich von Nürnberg ist für Karpfenfreunde ein wahres Dorado. Dass die Karpfenzucht hier im 14. und 15. Jahrhundert ihren ersten Höhepunkt erreichte, ist vor allem den Klöstern zu verdanken. Schließlich war der genügsame Fisch den Mönchen selbst in der Fastenzeit als gottgefällige, wenn auch grätenreiche Mahlzeit erlaubt. Die strengen Gebote beflügelten den Einfallsreichtum der Klosterbrüder: Sie züchteten den Aischgründer Spiegelkarpfen mit einem besonders hohen Rücken, da er als Fastenspeise nicht über den Tellerrand ragen durfte. Nachdem die Teichwirtschaften nach dem Dreißigjährigen Krieg (1618–1648) für lange Zeit zerstört waren, setzte erst nach Ende des Zweiten Weltkriegs ein neuer Aufschwung ein. Heute werden in diesem Teil Frankens noch rund 1500 Karpfenweiher bewirtschaftet, aus denen man jährlich etwa 4000 Tonnen erntet. Als Festtagsschmaus zu Heiligabend oder an Silvester erfreut sich der Karpfen auch in Sachsen, Polen und im Baltikum großer Beliebtheit. Die Sachsen mögen ihn blau aus dem Essigsud, die Polen servieren ihn in Biersauce. Nur im Fränkischen bäckt man den Weihnachtskarpfen liebevoll im Bierteig. Sein Verzehr an den Festtagen soll den Gästen Glück und Segen im neuen Jahr bescheren.

Seezunge Lady Hamilton

(Für 4 Personen)

Für die Sauce:

3 Eier
1–2 EL gehackte Petersilie
1–2 EL gehackter Kerbel
1 TL gehackter Estragon
300 g Mayonnaise (siehe S. 17)
Salz · Cayennepfeffer
etwas Zitronensaft
1–2 TL süßer Senf

Für den Fisch:

4 Seezungen (à 600 g) · Salz
Saft von 1 Zitrone
2 TL Worcestershiresauce
200 g doppelgriffiges Mehl
100 ml Öl · 2 EL Petersilie

1 Für die Sauce die Eier in siedendem Wasser 10 Minuten kochen, kalt abschrecken, abkühlen lassen, schälen und klein hacken. Die Kräuter mit den gehackten Eiern unter die Mayonnaise rühren, mit Salz, Cayennepfeffer, Zitronensaft und süßem Senf abschmecken.

2 Die Seezungen mit der Schwanzflosse 5 Sekunden in kochendes Salzwasser tauchen, bis sich die Haut von der Gräte löst. Auf beiden Seiten mithilfe eines Küchentuches die gelöste Haut in Richtung Kopf vom Fisch kraftvoll abziehen. Den Flossenkranz rundum samt Kopf mit einer Küchenschere wegschneiden. Die geputzten Seezungen mit kaltem Wasser waschen, dabei eventuell vorhandene Innereien entfernen und die Fische trockentupfen.

3 Den Zitronensaft und die Worcestershiresauce verrühren, die Seezungen damit beträufeln, einreiben und 10 Minuten ziehen lassen. Den Backofen auf 100 °C vorheizen. Die Fische salzen und im Mehl wenden. Das Öl portionsweise in einer beschichteten Pfanne erhitzen und die Fische darin bei milder Hitze auf beiden Seiten kurz anbraten. Auf ein Backblech geben und im vorgeheizten Backofen etwa 20 Minuten fertig garen.

4 Die Seezungen auf vorgewärmten Tellern anrichten, mit Petersilie bestreuen, mit Zitronensaft beträufeln und die Sauce daneben anrichten.

Tipp:

Wenn Sie sich die Mühe des Putzens der Fische sparen wollen, kaufen Sie küchenfertige Seezungen.

Lady Hamilton (1765-1815) war eine der berühmtesten Frauen ihrer Epoche. Aus einfachen Verhältnissen stammend, stieg sie als junge Ehefrau des britischen Gesandten Sir William Hamilton zu einer der reizvollsten Schönheiten ihrer Zeit auf, von Goethe bewundert und von dem Seehelden Lord Nelson heiß verehrt. Den großen General empfing die Lady beinahe täglich zu einer zärtlichen Teestunde in ihrer Villa auf dem Vomero in Neapel, während ihr fast doppelt so alter Gatte am Fuße des Vesuv nach Altertümern grub. Wie viele erfolgreiche Kurtisanen ihrer Zeit war die vielseitig begabte Lady Hamilton auch eine hervorragende Köchin, die ihre Gäste oft mit eigenen Kreationen überraschte. Die nach ihr benannte Seezunge soll sie um 1800 für Lord Nelson erfunden haben, als ihre Liebesgeschichte auf dem Höhepunkt war. Fünf Jahre später fiel Lord Nelson in der Seeschlacht von Trafalgar – bei seiner Bestattung war Lady Hamilton nicht erwünscht. Die berühmte Salonlöwin, die Scharen von Männern den Kopf verdreht hatte, starb am Ende vergessen und völlig verarmt in Calais. Die Moral von der Geschichte: Selbst wenn die Liebe durch den Magen geht, hat sie nicht immer ein Happy End.

Steinbutt Aida

(Für 4 Personen)

Für die Gratiniermasse:
50 g Kartoffelwürfel
1/4 l Gemüsebrühe
1/2 Lorbeerblatt · 1/2 rote Chilischote
je 1 Scheibe Knoblauch und Ingwer
3–4 EL Sahne
1/2 TL Paprikapulver (edelsüß)
Salz · Cayennepfeffer
frisch geriebene Muskatnuss
100 g fein geriebener Emmentaler

Für den Spinat:
500 g Wurzelspinat · Salz
1 Schalotte · 2 EL Butter
4 EL Weißwein · 1/8 l Gemüsebrühe
1 Streifen unbehandelte Zitronenschale · 2 Scheiben Knoblauch
Pfeffer aus der Mühle
frisch geriebene Muskatnuss
Cayennepfeffer

Für den Fisch:
4 Steinbuttfilets (à ca. 120 g; ohne Haut und Gräten) · Salz · 2 EL Öl

1 Für die Gratiniermasse die Kartoffeln in der Brühe knapp unter dem Siedepunkt etwa 30 Minuten weich ziehen lassen, nach 15 Minuten Garzeit das Lorbeerblatt und die Chilischote dazugeben. Nach 25 Minuten Garzeit Knoblauch und Ingwer hinzufügen.

2 Lorbeerblatt, Chilischote, Knoblauch und Ingwer wieder entfernen und die Kartoffeln mit der Brühe, der Sahne und dem Paprikapulver pürieren. Mit Salz, Cayennepfeffer und Muskatnuss abschmecken, abkühlen lassen und den Käse unterrühren.

3 Den Spinat verlesen, waschen und abtropfen lassen, grobe Stiele entfernen. In Salzwasser bissfest blanchieren, kalt abschrecken, abtropfen lassen und mit den Händen gut ausdrücken.

4 Die Schalotte schälen und in möglichst kleine Würfel schneiden. In einer Pfanne in 1 EL Butter glasig dünsten, mit Wein ablöschen, etwas einkochen lassen und die Brühe dazugießen.

5 Spinatblätter mit Zitronenschale und Knoblauchscheiben dazugeben und darin erhitzen, Zitronenschale und Knoblauch nach einigen Minuten wieder entfernen. Die restliche Butter hinzufügen und den Spinat mit Salz, Pfeffer, Muskatnuss und Cayennepfeffer würzen.

6 Den Backofengrill einschalten. Die Steinbuttfilets waschen, trockentupfen, salzen und in einer beschichteten Pfanne bei mittlerer Hitze im Öl auf beiden Seiten kurz anbraten. Auf ein geöltes Backblech setzen, mit der Gratiniermasse bestreichen und unter dem Backofengrill auf der unteren Schiene goldbraun überbacken.

7 Den Spinat auf vorgewärmten Tellern anrichten und die gratinierten Steinbuttfilets darauf setzen.

Giuseppe Verdis Werke zählen zu den populärsten der klassischen Musik: Viele seiner Arien sind weltberühmte Gassenhauer, der Gefangenenchor aus der Oper »Nabucco« wurde zur »zweiten Nationalhymne« Italiens. Verdi (1813–1901) stand auf dem Höhepunkt seiner Karriere, als er 1849 dem gesellschaftlichen Leben den Rücken kehrte und sich auf sein Landgut, die Villa Sant'Agata, bei Busseto zurückzog: »Io sono un contadino«, »Ich bin ein Bauer«, sagte er nicht ohne Koketterie von sich selbst. Verdi liebte die unverfälschten Spezialitäten seiner kulinarisch gesegneten Heimat, auf seinem Anwesen betrieb er eine eigene Molkerei, eine Käserei und eine Mühle. Ähnlich wie sein »Kollege« Rossini (siehe Seite 73) galt er nicht nur als großer Genießer, sondern auch als kreativer Meister in der Küche. Einige seiner Rezepte, die der Nachwelt erhalten blieben, haben Culinaria-Geschichte geschrieben – wie der Steinbutt Aida, den Verdi einer seiner größten Opern widmete. Nach einigen weniger erfolgreichen Jahren wurde »Aida« 1871 in Kairo triumphal uraufgeführt, Verdi selbst betrachtete die Oper als den Höhepunkt seines musikalischen Schaffens. Als er seinen Steinbutt nach diesem Werk taufte, wird er wohl bereits geahnt haben, dass ihm etwas außergewöhnlich Köstliches gelungen war…

Graf Radetzky brachte die Kunst des Panierens von Mailand nach Wien.

Fleisch

Wiener Schnitzel

Carpaccio mit Limettenrahm

(Für 4 Personen)

Für den Limettenrahm:
100 g Crème fraîche
4–5 EL Sahne
1 TL Limettensaft
1/2 TL abgeriebene unbehandelte Limettenschale
1 EL Olivenöl
Salz · Cayennepfeffer
Zucker

Für das Carpaccio:
400 g Rinderfilet
Öl für die Folie
4 EL Olivenöl
Saft von 1 Limette
Salz · Pfeffer aus der Mühle

1 Für den Limettenrahm die Crème fraîche mit der Sahne und dem Limettensaft glatt rühren. Limettenschale und Olivenöl unterrühren und mit Salz, Cayennepfeffer und Zucker würzen.

2 Für das Carpaccio das Rinderfilet mit einem scharfen Messer zuerst in dünne Scheiben, dann in etwa 1 1/2 cm breite Stücke schneiden. Mit reichlich Abstand zwischen zwei Lagen geölte Frischhaltefolie legen und mit der flachen Seite des Schnitzelklopfers gleichmäßig dünn klopfen.

3 Vier Teller mit Olivenöl bestreichen, etwas Limettensaft darüber träufeln, leicht salzen und pfeffern. Die Rinderfiletscheiben vorsichtig von der Folie lösen und leicht überlappend auf den Tellern anrichten.

4 Die Fleischscheiben dünn mit dem restlichen Olivenöl bestreichen, mit dem restlichen Limettensaft beträufeln und mit Salz und Pfeffer würzen. Den Limettenrahm in einen Gefrierbeutel füllen, am unteren Ende eine kleine Ecke abschneiden und das Carpaccio mit dem Limettenrahm beträufeln.

Tipp:

Wird das Carpaccio wie oben beschrieben geschnitten, muss man es vorher nicht anfrieren. Das Carpaccio kann in der Folie, in der es geklopft wurde, mehrere Stunden im Kühlschrank aufbewahrt werden. Besonders dekorativ sieht es aus, wenn man das Carpaccio gitterförmig mit dem Limettenrahm überzieht.

Ob New York, Rio oder Tokio, überall auf der Welt findet man heute Carpaccio auf der Speisekarte – und das, obwohl der Liebling vieler Vorspeisen-Fans erst vor gut 50 Jahren in Venedig geboren wurde. Es war im Herbst 1950, als Giuseppe Cipriani, der Besitzer von »Harry's Bar«, einem kleinen Restaurant hinter dem Markusplatz, von der Comtessa Amalia Nani Mocenigo vor eine besondere Aufgabe gestellt wurde: Der Arzt hatte der Comtessa den Verzehr von gekochtem Fleisch untersagt und nun bat sie Cipriani, ihr eine leichte, aber nahrhafte Speise zuzubereiten. Eine Viertelstunde später servierte ihr der Padrone hauchdünn geschnittene rohe Rindfleischscheiben mit einer weißen Mayonnaise-Sauce – eine neue Kreation, die er stolz als »Carpaccio« präsentierte. Denn Rot und Weiß, die Farben des Gerichts, waren auch die typischen Farben im Werk des Renaissancemalers Vittore Carpaccio (ca. 1465 – ca. 1526), dessen Bilder zu jener Zeit im Dogenpalast ausgestellt wurden. Vor allem aber hatte Cipriani bereits beste Erfahrungen mit Renaissancekünstlern gemacht: Seine erste große Erfindung, ein Cocktail aus feinem Pfirsichpüree und Prosecco, hatte als »Bellini« sensationelle Erfolge gefeiert. Bellini (1430–1516) war einer der bedeutendsten Maler der Frührenaissance – und einer der Lehrer Carpaccios! Was lag also näher, als auf den »Bellini« das »Carpaccio« folgen zu lassen? Später bedauerte der Sohn des Padrone: »Wäre mein Vater egoistischer gewesen, hätte er das Gericht ›Cipriani‹ genannt« – und so seinen eigenen Namen in der Küchenhistorie verewigt.

Beefsteak tatar

(Für 4 Personen)

700 g Rinderfilet (Kopfstück)
40 g kleine Essiggurken
2 TL eingelegte Kapern
5 eingelegte Sardellenfilets
1/2 Zwiebel · 1 EL Öl
3 EL Olivenöl
3 EL Chilisauce
1 EL Tomatenketchup
1 EL scharfer Senf
2 EL Schnittlauchröllchen
etwas Zitronensaft
Salz · Pfeffer aus der Mühle
Zucker

1 Das Rindfleisch von den Sehnen befreien und durch den Fleischwolf drehen. Die Essiggurken, die Kapern und die Sardellen abtropfen lassen und fein hacken. Die Zwiebel schälen und in kleine Würfel schneiden. Das Öl in einer Pfanne erhitzen, die Zwiebelwürfel darin bei milder Hitze glasig dünsten und abkühlen lassen.

2 Rinderhackfleisch, Essiggurken, Kapern, Sardellen, Zwiebelwürfel, Olivenöl, Chilisauce, Ketchup, Senf und Schnittlauch mischen. Die Hackmasse mit Zitronensaft, Salz, Pfeffer und Zucker herzhaft würzen.

3 Aus der Masse mit angefeuchteten Händen 4 gleich große Hacksteaks formen und die Oberfläche mit einem Messer rautenförmig einkerben.

Tipp:

Dazu passt ein Schnittlauch- oder Senfdip: Dafür 100 g Crème fraîche mit Salz, Cayennepfeffer und Zitronensaft würzen. Für den Schnittlauchdip 2 EL Schnittlauchröllchen und 1/2 TL scharfen Senf untermischen, für den Senfdip die Crème fraîche mit je 1 TL Weißwurst- und scharfem Senf verfeinern.

Obwohl man sie in Kochbüchern und Lexika immer wieder liest, sei von vornherein klargestellt: Die Geschichte, dass die wilden Tataren klein geschnittenes Rindfleisch unter ihren Pferdesätteln mürbe ritten, um es dann roh zu verzehren, ist ein für alle Mal in das Reich der Mythen und Legenden zu verbannen. Wie aber kommt es, dass sich diese Geschichte so hartnäckig hält? Und: Was hat unser Beefsteak tatar dann überhaupt mit den Mongolen (so nennen wir die Tataren heute) zu tun? Unter ihrem berühmten Stammesfürsten Dschingis Khan begannen die Tataren zu Beginn des 13. Jahrhunderts von Zentralasien aus, ein riesiges Imperium zu erobern. Dieses Reich zerfiel zwar schon nach etwa 50 Jahren, doch der berühmt-berüchtigte »Mongolensturm« hatte in dieser Zeit ganz Europa in Angst und Schrecken versetzt: Brandstiftungen, Vergewaltigungen und andere Gräueltaten waren bei den Kriegszügen der Nomadenhorden an der Tagesordnung. Seitdem galten Tataren als die Barbaren schlechthin – denen man natürlich auch zutraute, rohes Fleisch zu essen. Und dass sie dieses Fleisch angeblich weich ritten, wie es dann Mongolei-Reisende im 15. Jahrhundert in Umlauf brachten, hatte wohl eher praktische Gründe: Damit behandelten die Mongolen schlichtweg die vom Sattelholz wunden Rücken ihrer Pferde. Im Küchenlatein hat es sich jedenfalls eingebürgert, alles, was (kurz und) klein geschnitten oder durch den Wolf gedreht wird, als Tatar zu bezeichnen. Und um das auch abschließend zu klären: Rohes Rinderhack ist eine Erfindung der Europäer – und nicht der Mongolen!

Fleischpflanzerl

(Für 4 Personen)

80 g Toastbrot · 100 ml Milch
½ Zwiebel · 1 EL Butter
2 Eier · 2 TL scharfer Senf
abgeriebene Schale von
½ unbehandelten Zitrone
1 Msp. abgeriebene unbehandelte Orangenschale
250 g Kalbshackfleisch
250 g Schweinehackfleisch
Salz · Pfeffer aus der Mühle
frisch geriebene Muskatnuss
getrockneter Majoran
1 EL grob gehackte Petersilie
Öl zum Braten

1 Das Toastbrot in kleine Würfel schneiden und in der Milch einweichen. Die Zwiebel schälen und in kleine Würfel schneiden.

2 Die Butter in einer Pfanne zerlassen und die Zwiebelwürfel darin bei milder Hitze glasig dünsten. Die Eier mit Senf, Zitronen- und Orangenschale verquirlen.

3 Beide Hackfleischsorten mit dem eingeweichten Brot, den Eiern und den Zwiebelwürfeln gut mischen. Die Hackfleischmasse mit Salz, Pfeffer, Muskatnuss, 1 Prise Majoran und Petersilie würzen.

4 Aus der Masse mit angefeuchteten Händen kleine Fleischpflanzerl formen. Das Öl in einer Pfanne erhitzen und die Fleischpflanzerl darin bei mittlerer Hitze auf beiden Seiten goldbraun braten. Auf Küchenpapier abtropfen lassen.

Tipp:

Sie können die Fleischpflanzerl auch aus einer Mischung aus Kalb- und Hähnchenfleisch oder Lamm- und Hähnchenfleisch zubereiten. Die Lammfleischpflanzerl können noch mit klein gewürfeltem Knoblauch und Rosmarin verfeinert werden.

Ob Bulette, Frikadelle oder Fleischpflanzerl – gemeint ist immer dasselbe, aber auf die sprachlichen Unterschiede legt man landsmannschaftlich größten Wert. In Bayern käme niemand auf die Idee, eine (Berliner) Bulette zu bestellen – und wer im Rheinland eine Bierschwemme ebenso hungrig verlassen möchte, wie er sie betreten hat, braucht nur statt einer Frikadelle ein Pflanzerl zu ordern. Die ersten kleinen Fleischklopse kamen vermutlich vor mehr als 300 Jahren mit den Hugenotten aus Frankreich nach Deutschland, genauer gesagt in die Mark Brandenburg. Sie waren quasi die kulinarische Begleitmusik zu großer Politik: Denn dass die in Frankreich unbeliebten protestantischen Hugenotten nach Preußen kommen konnten, verdankten sie Friedrich Wilhelm von Brandenburg, dem Großen Kurfürsten (1640–1688), der ihnen seit 1685 Asyl bot. Die von den Hugenotten mitgebrachte Bulette war beim französischen Militär als einfache, aber kräftige Feldkost geschätzt. Kein Wunder, dass sie sich sprachlich von der »boulet«, einer kleinen Kanonenkugel, ableitet. Von den Preußen die Namen Bulette oder Frikadelle zu übernehmen verbot sich für die Bayern von selbst. Mit »Pflanze« hat das »Pflanzerl« aber nichts zu tun: Vielmehr geht es auf das ältere »Pfanzel« bzw. »Pfannzelte« für Pfannkuchen bzw. in der Pfanne Gebackenes zurück. Damit kann man in Bayern leben.

Königsberger Klopse

(Für 4 Personen)

1 1/2 Zwiebeln · 1 Lorbeerblatt
2 Gewürznelken · 2 l Geflügelbrühe
1 TL schwarze Pfefferkörner
4 EL Butter
100 g Toastbrot (ohne Rinde)
50 ml Milch
5 eingelegte Sardellenfilets
500 g Kalbshackfleisch
2 Eier · 1 EL scharfer Senf
2 EL fein gehackte Petersilie
Salz · Pfeffer aus der Mühle
1/2 TL abgeriebene unbehandelte Zitronenschale
3 schwach geh. EL Speisestärke
1 Knoblauchzehe · 100 g Sahne
1–2 EL eingelegte Kapern
1 Streifen unbehandelte Zitronenschale
etwas Zitronensaft
etwas Worcestershiresauce
Cayennepfeffer
frisch geriebene Muskatnuss

1 Die halbe Zwiebel schälen, mit dem Lorbeerblatt belegen und dieses mit den Nelken feststecken. Die Brühe in einem Topf aufkochen lassen, die gespickte Zwiebel und die Pfefferkörner dazugeben und knapp unter dem Siedepunkt ziehen lassen.

2 Die restliche Zwiebel schälen und in kleine Würfel schneiden. In einer Pfanne 1 EL Butter zerlassen und die Zwiebelwürfel darin glasig dünsten. Das Toastbrot in kleine Würfel schneiden und in der Milch einweichen. Die Sardellen trockentupfen und klein hacken. Das Hackfleisch mit Zwiebelwürfeln, Sardellen, eingeweichtem Toastbrot, Eiern, Senf und Petersilie zu einer glatten Masse verkneten. Mit Salz, Pfeffer und Zitronenschale würzen. Aus der Masse mit angefeuchteten Händen golfballgroße Bällchen formen.

3 Die Fleischbällchen in der Brühe knapp unter dem Siedepunkt 15 Minuten gar ziehen lassen. Für die Sauce 3/4 l Brühe abnehmen und durch ein Sieb gießen. Bällchen in der restlichen Brühe zugedeckt warm halten.

4 Die abgenommene Brühe in einem Topf aufkochen lassen. Die Speisestärke mit wenig kaltem Wasser glatt rühren, die Brühe damit binden und 5 Minuten kaum merklich köcheln lassen. Den Knoblauch schälen und in kleine Würfel schneiden. Mit der Sahne und der restlichen Butter unter die Sauce mixen und die Kapern untermischen. Die Zitronenschale in die Sauce geben, 2 Minuten darin ziehen lassen und wieder entfernen. Die Sauce mit Zitronensaft, Worcestershiresauce, Salz, Cayennepfeffer und Muskatnuss abschmecken. Die Klopse aus der Brühe heben, auf vorgewärmte Teller verteilen und mit der Sauce überziehen.

Die Königsberger Klopse gehören zweifellos zu den bekanntesten Spezialitäten der deutschen Küche und niemand käme auf die Idee, diese ostpreußische Erfindung heute in »Kaliningrader Fleischbällchen« umzutaufen. Allerdings ist es nicht leicht, die Entstehung dieses Gerichts zurückzuverfolgen, das mit seinem Namen der Heimatstadt des Philosophen Immanuel Kant immer verbunden bleibt. Obgleich es Vorläufer des Rezepts vermutlich bereits im Mittelalter gab, ist der ostpreußische Ausdruck »Klops« für Fleischkloß erst seit dem 18. Jahrhundert bezeugt. Vieles spricht dafür, dass das Gericht nicht aus der Gutsherrenküche stammt, sondern eher von einer begabten anonymen Köchin in Diensten einer Königsberger Kaufmannsfamilie erfunden wurde und höchstens 200 Jahre alt ist. Die 50 bis 75 Gramm schweren Königsberger Klopse, auch »Soßklopse« genannt, könnte man fast als aristokratische Verwandte der gemeinen Frikadelle bezeichnen – denn gut gemacht, sind sie ein wahres Sonntagsessen. Unverzichtbare Grundzutaten sind neben Kapern und Zitrone für die Sauce mindestens ein Drittel Kalbfleisch für das Hack. Über die Frage, ob in die Hackmischung auch Sardellen gehören, können sich Hobbyköche noch heute heftig streiten. Manche Traditionalisten behaupten sogar, dass Salzheringe aus der Ostsee in die Klopsmischung gehören.

Schwäbische Maultaschen

(Für 4 Personen)

Für den Nudelteig:
210 g Mehl · 90 g Weizengrieß
3 kleine Eier · 2–3 EL Olivenöl
Salz · Mehl für die Arbeitsfläche

Für die Füllung:
50 g Toastbrot · 50 ml Milch
1 kleine Zwiebel
80 g durchwachsener Speck
250 g Blattspinat · Salz
200 g Kalbshackfleisch
150 g Bratwurstbrät
(beim Metzger fertig kaufen)
1 großes Ei · 1 EL scharfer Senf
Pfeffer aus der Mühle
1 Msp. abgeriebene unbehandelte Zitronenschale
1 EL gehackte Petersilie

Außerdem:
1 Ei · Salz

1 Für den Nudelteig Mehl, Grieß, Eier, Olivenöl und 1 Prise Salz in der Küchenmaschine zu einem glatten, elastischen Teig kneten. In Frischhaltefolie gewickelt bei Zimmertemperatur etwa 30 Minuten ruhen lassen.

2 Für die Füllung das Brot in kleine Würfel schneiden und in der Milch einweichen. Die Zwiebel schälen und ebenso wie den Speck in kleine Würfel schneiden. Den Speck in einer Pfanne bei milder Hitze anbraten, die Zwiebelwürfel hinzufügen und darin glasig dünsten. Den Spinat verlesen, waschen und abtropfen lassen, grobe Stiele entfernen. Den Spinat in Salzwasser blanchieren, kalt abschrecken, auf einem Sieb abtropfen lassen, mit den Händen gut ausdrücken und klein hacken.

3 Das Hackfleisch mit Wurstbrät, eingeweichtem Brot, verquirltem Ei, Senf, Spinat, Speck- und Zwiebelwürfeln mischen. Die Masse mit Salz, Pfeffer, Zitronenschale und Petersilie würzen.

4 Den Teig auf der bemehlten Arbeitsfläche zu dünnen, 10 bis 12 cm breiten Bahnen ausrollen, dabei die einzelnen Bahnen mit Frischhaltefolie bedecken, damit der Teig geschmeidig bleibt. Die Teigbahnen mit verquirltem Ei bestreichen. Die Hackmasse mithilfe eines Spritzbeutels (2 1/2 cm Lochtülle) längs auf das untere Drittel jeder Teigbahn verteilen. Die Teigbahnen längs einrollen, mit einem Kochlöffelstiel im Abstand von etwa 3 cm den Teig fest abdrücken und mit einem Teigrad zu Maultaschen schneiden. Die Ränder noch einmal fest andrücken.

5 Die Maultaschen in leicht siedendem Salzwasser (oder nach Belieben in Fleischbrühe) 5 bis 8 Minuten gar ziehen lassen. Mit der Schaumkelle herausheben und abtropfen lassen. Nach Belieben als Suppeneinlage oder mit in Butter gebratenen Zwiebelringen als Hauptgericht servieren.

Die Maultaschen sind so schwäbisch wie sonst nur die Spätzle und die Kehrwoche. Kein Wunder, dass man sich inzwischen auf eine Entstehungsgeschichte der Teigtaschen geeinigt hat, die so typisch schwäbische Eigenschaften wie Gottesfurcht, Sparsamkeit und Cleverness aufs Schönste in sich vereinigt. Demnach sollen die Mönche des früheren Zisterzienserklosters Maulbronn die »Schwabenravioli« erfunden haben: In den Hungerjahren des Dreißigjährigen Krieges (1618–1648) wurde den Klosterbrüdern ausgerechnet zur Fastenzeit ein Stück Fleisch geschenkt. Hunger macht mürbe und Not erfinderisch: Also sollen die Mönche das Fleisch klein gehackt, mit Kräutern und Spinat gemischt und schließlich in einem Nudelteig »versteckt« haben – in der Hoffnung, der Herrgott würde den Betrug nicht entdecken. Aus »Maulbronner Nudeltaschen« sei schließlich der Name »Maultaschen« entstanden, die im Ländle auch »Herrgotts B'scheißerle« heißen. Doch der Herrgott drückt selbst zwischen Aschermittwoch und Ostern ein Auge zu – zumindest glaubt man in Schwaben fest daran.

Saltimbocca

(Für 4 Personen)

450 g Kalbsfilet (oder Kalbfleisch aus der Keule)
Öl für die Folie
Pfeffer aus der Mühle
6 hauchdünne Scheiben Rohschinken (halbiert)
24 Salbeiblätter
3–4 EL Öl
1/2 TL Puderzucker
5 EL Weißwein
4 EL Geflügelbrühe
2 EL kalte Butter

1 Das Kalbsfilet von Sehnen befreien, in 12 Scheiben schneiden und zwischen zwei Lagen geölter Frischhaltefolie mit der flachen Seite des Schnitzelklopfers dünn klopfen.

2 Die Fleischscheiben mit Pfeffer würzen. Je 1/2 Scheibe Schinken und 2 Salbeiblätter auf die Fleischscheiben legen und mithilfe von kleinen Holzspießen auf dem Fleisch feststecken.

3 Das Olivenöl in einer Pfanne erhitzen und die Schnitzel darin bei mittlerer Hitze zuerst auf der Schinkenseite, dann auf der anderen Seite jeweils 1 bis 2 Minuten braten. Aus der Pfanne nehmen.

4 Das Öl abgießen, den Puderzucker auf den Bratensatz stäuben und hell karamellisieren. Mit dem Wein ablöschen und etwas einkochen lassen. Die Brühe dazugießen und die Butter unterrühren.

5 Die Schnitzel mit der Sauce beträufeln und mit frisch gemahlenem Pfeffer würzen.

Tipp:

Zu den Saltimbocca passt buntes Gemüse oder ein gemischter Salat und frisches italienisches Weißbrot.

Alle Wege führen nach Rom, weshalb früher oder später auch alle Spezialitäten der italienischen Provinzen – leicht verwandelt! – in der Hauptstadt landen. Manche behaupten sogar, Rom besitze gar keine eigene »cucina«. Davon kann aber nicht die Rede sein! Denn es gibt durchaus Gerichte, die wirklich typisch sind für den römischen Geschmack und die beschwingte Lebensart am Tiber. Zu diesen Erfindungen zählt auch Saltimbocca, was so viel wie »Spring in den Mund!« bedeutet. Und das lässt sich keiner zweimal sagen, dem diese mit Salbei und Schinken belegten, kurz gebratenen Kalbsschnitzelchen serviert werden. Das Gericht wurde in Rom schon als populärer Leckerbissen angeboten, als man noch eher mit Schweinefett als mit Olivenöl briet – es könnte also durchaus ein paar hundert Jahre alt sein. Die Küchenchronisten können jedoch erst für spätere Zeiten mit schriftlichen Quellen dienen: So erwähnt Pellegrino Artusi, der Ende des 19. Jahrhunderts erstmals begann, die Rezepte seiner Heimat Emilia-Romagna und der benachbarten Toskana zu sammeln (»La scienza in cucina e l'arte di mangiar bene«), dass er Saltimbocca in mehreren römischen Restaurants gegessen habe. Auch wenn böse Zungen behaupten, die Rezeptidee käme ursprünglich aus der Lombardei – Saltimbocca bleibt ein typisch römisches Essen, basta!

Piccata alla milanese

(Für 4 Personen)

Für die Tomatensauce:
400 g geschälte Tomaten (aus der Dose)
100 ml Gemüsebrühe
1/2 Knoblauchzehe · 5 EL Olivenöl
Salz · Cayennepfeffer
Zucker · 1 EL gehacktes Basilikum

Für die Piccata:
160 g Parmesan · 4 Eier
1 TL abgeriebene unbehandelte Zitronenschale
Salz · Pfeffer aus der Mühle
frisch geriebene Muskatnuss
80 g doppelgriffiges Mehl
8 kleine Kalbsschnitzel (à 90–100 g)
Öl für die Folie
ca. 100 ml Öl zum Braten

Außerdem:
Salz · 400 g Spaghetti

1 Für die Tomatensauce die Tomaten und die Brühe mit dem Stabmixer pürieren und in einem Topf bei milder Hitze erwärmen. Den Knoblauch schälen, in Scheiben schneiden und dazugeben. Die Sauce bei milder Hitze etwa 5 Minuten köcheln lassen, dann das Olivenöl mit dem Stabmixer unterrühren, dabei den Knoblauch pürieren. Die Tomatensauce mit Salz, Cayennepfeffer und Zucker abschmecken und das Basilikum unterrühren. Die Sauce bis zum Servieren warm halten.

2 Für die Piccata den Parmesan fein reiben. Die Eier mit den Quirlen des Handrührgeräts schaumig schlagen, Parmesan und Zitronenschale untermischen. Mit Salz, Pfeffer und Muskatnuss würzen und in einen tiefen Teller geben. Das Mehl ebenfalls in einen tiefen Teller geben.

3 Die Kalbsschnitzel zwischen zwei Lagen geölter Frischhaltefolie mit der flachen Seite des Schnitzelklopfers dünn klopfen und mit Salz und Pfeffer leicht würzen.

4 Den Backofen auf 80 °C vorheizen. Das Öl in einer Pfanne erhitzen. Die Schnitzel zuerst im Mehl wenden, dann durch die Eier-Parmesan-Mischung ziehen. Die Schnitzel im Öl bei milder Hitze auf beiden Seiten je 2 bis 3 Minuten goldbraun braten und auf Küchenpapier abtropfen lassen. Im vorgeheizten Backofen warm halten.

5 Reichlich Salzwasser zum Kochen bringen. Die Spaghetti darin nach Packungsanweisung bissfest garen, in ein Sieb abgießen und abtropfen lassen. Die Spaghetti mit der Tomatensauce auf Teller verteilen und die Piccata darauf anrichten.

Eine Piccata alla milanese, also ein paniertes Mailänder Schnitzel, ist ein traditionelles Gericht aus Oberitalien und quasi der Ableger einer anderen sehr alten Mailänder Spezialität, der Co(s)toletta alla milanese. Die Panade der Letzteren wiederum war die – von Feldmarschall Radetzky nach Österreich entführte – kulinarische Vorlage für das weitaus berühmtere Wiener Schnitzel (siehe Seite 68), worüber man sich in der Lombardei noch heute gelegentlich beklagt. Doch die Klage der Mailänder über den Panaden-Dieb Radetzky ist allzu vordergründig. Auch sie haben die Kunst des Panierens nämlich nicht selbst erfunden, wenngleich sie diesbezüglich auf eine lange Tradition zurückblicken können. Vielmehr führen die Panade-Spuren über Italiens Grenzen hinaus nach Byzanz. So ist überliefert, dass die Prunksucht des oströmischen Kaisers Basileios I. (867–886) so weit ging, dass er die erlesenen Fleischstücke auf seiner Tafel mit Blattgold überziehen ließ. Und was der Kaiser vorlebte, beliebte der Adel zu imitieren. Da Blattgold aber auch in Byzanz eine überaus kostspielige Angelegenheit war, erfand man in den Küchen als Ersatz die »goldgelb« auszubackende Panade. Über Arabien, Nordafrika und Spanien gelangte die Kunst des Panierens schließlich nach Italien. So gesehen sind also Costoletta, Piccata und Wiener Schnitzel weitaus byzantinischer, als man in Mailand und Wien zugibt – Ehre, wem Ehre gebührt.

Cordon bleu

(Für 4 Personen)

2 Eier
Salz · Pfeffer aus der Mühle
1 EL geschlagene Sahne
80 g doppelgriffiges Mehl
200 g Weißbrotbrösel
4 Kalbsschnitzel (à 140 g)
Öl für die Folie
4 Scheiben gekochter Schinken (à 30 g)
4 Scheiben Gruyère (oder Emmentaler)
ca. 100 ml Öl zum Braten
1 EL Butter

1 Die Eier in einem tiefen Teller verquirlen, mit Salz und Pfeffer würzen und die Sahne unterziehen. Das Mehl und die Weißbrotbrösel ebenfalls in tiefe Teller geben.

2 Die Kalbsschnitzel zwischen zwei Lagen geölter Frischhaltefolie mit der flachen Seite des Schnitzelklopfers dünn klopfen. Leicht mit Salz und Pfeffer würzen. Je eine Schnitzelhälfte mit je 1 Scheibe Schinken und Käse belegen. Das Fleisch über der Füllung zusammenklappen, sodass die Füllung nicht mehr sichtbar ist.

3 Die gefüllten Kalbsschnitzel nacheinander zuerst im Mehl wenden, dabei überschüssiges Mehl abklopfen, dann durch die Eier-Sahne-Mischung ziehen und zum Schluss in den Bröseln wenden, ohne diese zu fest anzudrücken.

4 Das Öl in einer Pfanne erhitzen und die Schnitzel darin bei mittlerer Hitze auf beiden Seiten je etwa 3 Minuten goldbraun braten. Zum Schluss die Butter dazugeben, aufschäumen lassen und die Schnitzel damit begießen. Herausnehmen und auf Küchenpapier abtropfen lassen.

Über die Entstehung dieses Schnitzel-Klassikers gibt es so viele einander widersprechende Geschichten, dass es fast unmöglich ist, sich auf eine historische Spur festzulegen. Der Hinweis auf die 1880 gegründete berühmte Pariser Kochschule »L'École du Cordon bleu« führt jedenfalls in die Irre. In Paris ist das Gericht mit Sicherheit nicht entstanden – Panieren war in der französischen Küche eher verpönt! Auch die Theorie, das gefüllte Schnitzel sei 1929 erstmals auf dem Luxusdampfer »Bremen« serviert worden, der damals mit einem »Blauen Band« (»Le Cordon bleu«) für die schnellste Atlantiküberquerung ausgezeichnet worden war, steht auf schwankenden Füßen. Eine Erfolg versprechende Spur scheint dagegen in die Schweiz zu führen: Immerhin erfreut sich das gefüllte Schnitzel hier bis heute größerer Beliebtheit als der berühmte Vetter aus Wien. Aber wo und wann könnte das Urrezept entwickelt worden sein? Einer Legende zufolge soll eine namenlose Köchin im Kanton Wallis vor gut 200 Jahren die geniale Idee gehabt haben: Weil sie weniger Fleisch vorrätig hatte, als sie für ihre unerwartet große Gästeschar benötigte, beschloss sie kurzerhand, die Portionen zu verkleinern und das Fleisch zum Ausgleich mit Käse und Schinken zu füllen. Aber wer glaubt schon diese Geschichte? Es bleibt also dabei: Eigentlich liegt der Ursprung des Cordon bleus im Dunkeln…

Wiener Schnitzel

(Für 4 Personen)

2 Eier
Salz · Pfeffer aus der Mühle
1 EL geschlagene Sahne
80 g doppelgriffiges Mehl
200 g Weißbrotbrösel
8 kleine dünne Kalbsschnitzel (à 60 g; aus der Oberschale)
ca. 200 ml Öl zum Braten
1–2 EL Butter
Zitronensaft zum Beträufeln

1 Die Eier in einem tiefen Teller verquirlen, mit Salz und Pfeffer würzen und die Sahne unterheben. Das Mehl und die Weißbrotbrösel ebenfalls in tiefe Teller geben.

2 Die Kalbsschnitzel falls nötig zwischen zwei Lagen geölter Frischhaltefolie dünn klopfen, mit Salz und Pfeffer würzen. Nacheinander zuerst im Mehl wenden, dabei überschüssiges Mehl abklopfen, dann durch die Eier-Sahne-Mischung ziehen und zum Schluss in den Bröseln wenden, ohne diese zu fest anzudrücken.

3 Das Öl in einer Pfanne erhitzen und die panierten Schnitzel darin bei mittlerer Hitze zuerst auf einer Seite goldgelb braten. Wenden, eventuell noch etwas Öl dazugeben, und das Fett durch eine leichte Vor- und Rückwärtsbewegung der Pfanne über die Schnitzel »schwappen« lassen, sodass die Panade der Schnitzel sich wellenartig wölbt. Zum Schluss die Butter dazugeben, aufschäumen lassen und die Schnitzel damit begießen.

4 Die fertigen Schnitzel aus der Pfanne nehmen, auf Küchenpapier abtropfen lassen und mit Zitronensaft beträufeln. Dazu passt Kartoffelsalat oder Bratkartoffeln.

Als Repräsentant der österreichischen Küche steht das Wiener Schnitzel weder dem Kaiserschmarren noch dem Tafelspitz an Berühmtheit nach. Über die Frage, wo das Schnitzel herkommt, dürfte eigentlich kein Zweifel bestehen, schließlich trägt es seinen vermeintlichen »Geburtsort« im Namen. Tatsächlich wurde das panierte Schnitzel allerdings weitab von Wien in Mailand erfunden (siehe Seite 66)! Es bedurfte aber des feinen Spürsinns eines berühmten Österreichers, um es zu entdecken und sein Rezept an die Donau zu bringen: Die Rede ist von Feldmarschall Joseph Graf Radetzky (1766–1858), der sich gegen die Türken und Napoleon bereits einen Namen gemacht hatte und von 1831 bis 1857 Oberkommandeur der österreichischen Truppen in Oberitalien war. An den Kaiser meldete Radetzky aber nicht nur militärische und politische, sondern auch kulinarische Lagebeurteilungen. Er war in Oberitalien nämlich auf eine wohlschmeckende Spezialität und einen Klassiker der Mailänder Küche gestoßen: die Co(s)toletta alla milanese, ein Kalbskotelett, das paniert und in Butter gebraten wurde. Umgehend machte sich der Leibkoch des Kaisers daran, nach Mailänder Vorbild mit Panade zu experimentieren – und das Ergebnis fand bei dem als »Rindfleischtiger« bekannten Monarchen tatsächlich geneigten Anklang. Doch erst die später entwickelte raffinierte Zubereitung, aus der Kalbsnuss fingerdicke Scheiben von etwa 250 Gramm zu schneiden, diese flach zu klopfen, nacheinander in Mehl, Ei und Semmelbröseln zu wenden, um sie anschließend in Öl oder Butterschmalz schwimmend auszubacken, machte das Gericht zu dem, was es nach 1900 dann auch namentlich wurde: ein typisches Wiener Schnitzel.

Beef Wellington

(Für 4 Personen)

250 g Champignons
3 Schalotten
2–3 EL Öl
Salz · Pfeffer aus der Mühle
350 g Kalbsbrät
(beim Metzger fertig kaufen)
120 g kalte Sahne
1 EL gehackte Petersilie
1 TL abgeriebene unbehandelte Zitronenschale
Cayennepfeffer
frisch geriebene Muskatnuss
600 g Rinderfilet (Mittelstück)
4 tiefgekühlte Blätterteigplatten (à 80 g)
1 Eigelb
Mehl für die Arbeitsfläche

1 Die Champignons putzen, nicht waschen, und in sehr kleine Würfel schneiden. Die Schalotten schälen und in kleine Würfel schneiden. In einer großen Pfanne 1 EL Öl erhitzen und die Schalottenwürfel darin glasig dünsten. Die Champignons dazugeben und so lange mitgaren, bis die Flüssigkeit verdampft ist. Mit Salz und Pfeffer würzen und abkühlen lassen. Eventuell auf einem Sieb abtropfen lassen.

2 Das Kalbsbrät mit 100 g Sahne verrühren. Die Pilze, die Petersilie und die Zitronenschale untermischen und mit Salz, Pfeffer, Cayennepfeffer und Muskatnuss würzen. Die Kalbsbrätmischung kühl stellen.

3 Das restliche Öl in einer Pfanne erhitzen. Das Rinderfilet salzen, im Öl rundum anbraten und abkühlen lassen. Die Blätterteigplatten nebeneinander auslegen und bei Zimmertemperatur auftauen lassen.

4 Den Backofen auf 210 °C vorheizen. Das Eigelb mit der restlichen Sahne verrühren. Die Blätterteigplatten aufeinander legen, dabei mit etwas Wasser bestreichen, damit sie aneinander kleben, und auf der leicht bemehlten Arbeitsfläche zu einem 2 bis 3 mm dicken Rechteck von 20 x 40 cm Größe ausrollen. Knapp ein Drittel der Farce auf der Teigmitte verstreichen, das Rinderfilet darauf legen und mit der restlichen Farce bestreichen. Den Blätterteig darüber zusammenschlagen, die Teigenden mit der Ei-Sahne-Mischung bestreichen und andrücken.

5 Das Beef Wellington mit der Nahtseite nach unten auf ein mit Backpapier ausgelegtes Backblech setzen. Die Oberfläche mit dem restlichen Eigelb bestreichen und im vorgeheizten Backofen auf der mittleren Schiene 35 bis 40 Minuten rosa backen. Bei geöffneter Backofentür noch kurz ruhen lassen. Mit einem scharfen Messer in Scheiben schneiden.

Der geniale englische Feldherr Arthur Wellesley (1769–1852), der gemeinsam mit den Preußen Napoleon in der Schlacht von Waterloo (1815) besiegte, konnte sich anschließend vor Ehrungen kaum retten. König Georg III. adelte ihn 1817 zum ersten Herzog von Wellington und ihm zu Ehren wurde auch ein ursprünglich aus Irland stammendes Fleischgericht auf den Namen »Beef Wellington« umgetauft. Dafür nahm man damals ein großes Stück Rinderfilet, das man scharf anbriet und abkühlen ließ. Dann wurde das Fleisch mit Gänseleber und/oder Duxelles (klein gehackten Pilzen mit Gewürzen) bestrichen, mit dünnen Speckscheiben umwickelt und in Blätterteig gehüllt, bevor es in den Ofen kam. Dazu reichte man eine Madeira- oder Trüffelsauce. Andere Quellen besagen, dass das Beef auch deshalb den Namen des Herzogs erhielt, weil das fertige Filetstück den glänzend braunen Reitstiefeln glich, die man ebenfalls nach ihm getauft hatte. Das von dem Herzog so geliebte Fleischgericht geriet zwar gegen Ende des 19. Jahrhunderts in Vergessenheit, erlebte aber während der Sechzigerjahre in den USA auf Dinnerpartys eine späte Renaissance. Das imperiale Beef Wellington stellt auch heute noch eine Herausforderung an jeden Koch oder jede Köchin dar. Es muss generalstabsmäßig geplant werden, wenn man in der Küche kein Waterloo erleben will…

Chateaubriand

(Für 4 Personen)

900 g Rinderfilet (Mittelstück)
Salz · 4 EL Öl
4 Knoblauchzehen
8 EL Butter
2 Scheiben Ingwer
je 4 Streifen unbehandelte Orangen- und Zitronenschale
2 Rosmarinzweige
Pfeffer aus der Mühle

1 Den Backofen auf 100 °C vorheizen. Einen Bratrost auf die mittlere Schiene und ein Abtropfblech darunter schieben.

2 Das Rinderfilet mit dem Plattiereisen auf etwa 4 cm Dicke klopfen und salzen. Das Öl in einer Pfanne erhitzen und das Fleisch darin bei mittlerer Hitze rundum anbraten. Dann auf den Bratrost in den vorgeheizten Backofen legen und 1 Stunde rosa garen.

3 Den Knoblauch schälen und in Scheiben schneiden. Die Butter in einer Pfanne zerlassen, Knoblauch, Ingwer, Orangen- und Zitronenschale sowie den Rosmarin darin anbraten. Mit Salz und Pfeffer würzen und das Rinderfilet darin noch kurz nachbraten.

Tipp:

Auf dem Bratrost wird das Fleisch von allen Seiten gleichmäßig durchgegart. Es muss nach dem Garen nicht mehr ruhen, da die Temperatur im Backofen konstant niedrig war. Das Fleisch wird saftig und zart, beim Anschneiden tritt kaum Fleischsaft aus.
Dazu passt Sauce béarnaise (siehe S. 14) oder Kräuterbutter sowie frisches Gemüse der Saison.

Nicht jeder kann sich seinen Nachruhm aussuchen. So hätte es sich der Schriftsteller und Politiker François-René Chateaubriand (1768–1848) sicherlich nicht träumen lassen, dass man sich heute weder an seine literarischen noch an seine diplomatischen Erfolge erinnert, sondern seinen Namen allenfalls mit einer Art Steak in Verbindung bringt. Chateaubriands Leben war ein ständiges Auf und Ab: Fast immer steckte der bretonische Graf in Geldnöten, woran sein ausschweifender Lebensstil und seine wechselnden Liebschaften nicht unschuldig waren. Der aus dem revolutionären Frankreich geflohene Aristokrat hatte zwischen 1793 und 1800 harte Hungerjahre im Londoner Exil erlebt, bevor ihn seine Kunst einigermaßen ernähren konnte und er schließlich 1822, auf dem Gipfel seiner Diplomatenkarriere, als französischer Botschafter an die Themse zurückkehrte. Offensichtlich wollte Chateaubriand sich hier (zumindest kulinarisch) für die bitteren Erfahrungen der Vergangenheit rächen. Jedenfalls beauftragte er seinen Koch Montmireil, ein Fleischgericht zu kreieren, das das berühmte englische Steak in den Schatten stellen sollte. Und was Montmireil, der zuvor in Diensten Napoleons gestanden hatte, daraufhin servierte, konnte sich wirklich sehen lassen: ein etwa 500 Gramm schweres erlesenes Lendenstück aus der Mitte des Filets, das er zwischen zwei minderwertigeren Steaks gebraten hatte. Diese Steaks hatten das Lendenstück mit ihrem blutigen Saft durchtränkt und wurden nicht mitserviert. Ein Luxus, den wir uns heute dank moderner Gartechniken sparen können…

Filet Stroganoff

(Für 4 Personen)

1 Zwiebel
700 g Rinderfiletspitzen
3 EL Öl · 1 TL Puderzucker
1/8 l Rotwein
1/2 EL Tomatenmark
600 ml Geflügelbrühe
1 kleines Lorbeerblatt
1 Knoblauchzehe · 70 g Sahne
1 gestr. TL Speisestärke
1 EL scharfer Senf
1/2 TL Paprikapulver (rosenscharf)
200 g kleine, feste Champignons
Salz · Pfeffer aus der Mühle
60 g kleine Essiggurken
Cayennepfeffer
1 Msp. abgeriebene unbehandelte Zitronenschale
etwas Zitronensaft
1 EL gehackte Petersilie

1 Die Zwiebel schälen und in kleine Würfel schneiden. Die Filetspitzen von den Sehnen befreien und quer in Streifen schneiden. 1 EL Öl in einer Pfanne erhitzen, die Hälfte des Fleisches darin bei mittlerer Hitze knapp 1 Minute rundum anbraten und herausnehmen. Das restliche Fleisch auf dieselbe Weise anbraten. Die Filetspitzen auf einem vorgewärmten Teller beiseite stellen.

2 Den Puderzucker in die Pfanne stäuben und karamellisieren. Die Zwiebelwürfel darin bei milder Hitze glasig dünsten. Mit dem Wein ablöschen, das Tomatenmark unterrühren und sirupartig einkochen lassen.

3 Die Brühe dazugießen, das Lorbeerblatt und den ungeschälten Knoblauch dazugeben. Die Sauce auf zwei Drittel einkochen lassen und die Sahne hinzufügen. Die Speisestärke mit wenig kaltem Wasser glatt rühren, die Sauce damit binden und noch einige Minuten köcheln lassen.

4 Das Lorbeerblatt und den Knoblauch wieder entfernen. Senf und Paprika dazugeben und die Sauce mit dem Stabmixer aufschlagen.

5 Die Champignons putzen, nicht waschen, und in dicke Scheiben schneiden. Das restliche Öl in einer zweiten Pfanne erhitzen und die Pilze darin 1 bis 2 Minuten anbraten. Mit Salz und Pfeffer würzen.

6 Die Essiggurken abtropfen lassen und in feine Streifen schneiden. Mit den Filetspitzen in die Sauce geben und erwärmen. Alles mit Salz, Cayennepfeffer, Zitronenschale und -saft würzen. Zuletzt die Petersilie mit den Pilzen dazugeben.

Ohne das gleichnamige Rindfleischgericht wäre der Name Stroganoff (oder Stroganow) mit Sicherheit längst in Vergessenheit geraten. Dabei waren die Stroganoffs eine angesehene Familie von Kaufleuten und Minenbesitzern aus Nowgorod, die schon vor 1600 unter Iwan dem Schrecklichen bei der Eroberung Sibiriens zu Macht und Reichtum kamen. Der Zar überließ ihnen riesige Ländereien am Ural. Die Frage, welches Mitglied der großen Stroganoff-Sippe (oder vielleicht auch nur welcher ihrer Köche) hinter dem berühmten Fleischklassiker steht, gibt allerdings bis heute Rätsel auf: Viele behaupten, der Ruhm stehe Graf Grigorij Alexandrowitsch Stroganoff zu, der von 1816 bis 1821 als russischer Gesandter in Rom lebte und als leidenschaftlicher Hobbykoch galt. Doch ganz gleich, wer der Erfinder war – die geniale Komposition aus Rinderfiletspitzen, Pilzen, Zwiebeln, Gurken und Sauerrahm oder Sahne ist jedenfalls kaum zu verbessern. Nicht umsonst nahm sie Auguste Escoffier, der große »König der Köche«, bereits 1891 in seinen »Guide culinaire« auf. Mittlerweile hat das Rezept viele Köche zwischen Paris und Peking zu immer neuen Varianten angeregt. Woran man sieht: Ruhm und Macht können vergehen, gute Rezepte bleiben bestehen.

Tournedos à la Rossini

(Für 4 Personen)

4 Rinderfiletsteaks (à ca. 120 g)
Salz · 2–3 EL Öl
Pfeffer aus der Mühle
4 EL Madeira
250 g braune Kalbssauce (siehe Tipp)
2 EL kalte Butter
etwas Trüffelsaft von eingelegten Trüffeln
1 EL schwarze Pfefferkörner
2 EL Pimentkörner
4 Scheiben Gänsestopfleber (1–1 1/2 cm dick; gut gekühlt)
Mehl zum Wenden
4 frische schwarze Trüffelscheiben (oder 4 Scheiben eingelegte Trüffel)
1 TL Walnussöl

1 Den Backofen auf 100 °C vorheizen. Einen Bratrost auf die mittlere Schiene und ein Abtropfblech darunter schieben. Die Filetsteaks mit dem Handballen etwas flach drücken und salzen. 1 EL Öl in einer Pfanne erhitzen und die Steaks darin auf beiden Seiten bei mittlerer Hitze anbraten. Die Steaks auf den Bratrost in den vorgeheizten Backofen legen und etwa 20 Minuten rosa garen. Herausnehmen und mit Pfeffer würzen.

2 Das Fett aus der Pfanne tupfen, den Bratensatz mit Madeira ablöschen und kurz einkochen lassen. Die Kalbssauce hinzufügen, die Butter unterrühren und mit Salz und Trüffelsaft würzen.

3 Pfeffer- und Pimentkörner in eine Gewürzmühle füllen. Kurz vor dem Anrichten die Gänseleberscheiben 4 cm rund ausstechen, mit Pfeffer, Piment und Salz würzen und in Mehl wenden. Im restlichen Öl auf beiden Seiten je 1 Minute braten und auf Küchenpapier abtropfen lassen. Die Trüffelscheiben im Walnussöl kurz erwärmen. Die Tournedos auf vorgewärmte Teller legen, die Gänseleberscheiben darauf setzen und mit je 1 Trüffelscheibe belegen. Die Sauce darum herum verteilen.

Tipp:

Für die Kalbssauce 800 g Kalbsknochen klein hacken und im 220 °C heißen Backofen 45 Minuten bräunen. 2 Zwiebeln, 1/2 Möhre und 80 g Knollensellerie schälen, klein schneiden und in Öl anbraten. 1 TL Puderzucker darüber stäuben, 1 EL Tomatenmark unterrühren, mit 50 ml Port- und 150 ml Rotwein ablöschen und einkochen lassen. Die Knochen und 1 l schwach gesalzene Geflügelbrühe dazugeben und etwa 2 Stunden köcheln lassen. Durch ein Sieb gießen und die Sauce auf ein Drittel einkochen lassen.

Ich suche Motive für Musik, es erscheinen mir jedoch nur Patés, Trüffeln und derartige Dinge vor meinem geistigen Auge, beklagte sich Gioacchino Antonio Rossini (1792–1868) einmal in einem seiner Briefe. Tatsächlich war der viel gefeierte Komponist ein begeisterter Koch und leidenschaftlicher Esser, über den ein Zeitgenosse unkte, er stopfe so viel in sich hinein, »wie drei Fresssäcke zusammen«. Schon 1829 – mit 37 Jahren – beendete Rossini seine Komponistenkarriere, um weitere 39 Jahre nur noch dem »dolce vita« zu frönen. Er konnte sich das Dasein als Privatier leisten – seine 40 Opern hatten ihn reich gemacht. In Paris, wo er ab 1855 auf dem Montmartre residierte, gab Rossini jeden Samstagabend prunkvolle Diners und nicht selten bewirtete er seine ausgewählten Gäste mit eigenen kulinarischen Kreationen. Für einen dieser Abende hatte sich Rossini etwas ganz Besonderes ausgedacht: gebratene Rinderfiletscheiben, die mit Gänseleberpastete belegt, mit Trüffelscheiben gekrönt und mit einer Madeirasauce serviert werden sollten. Als er den Oberkellner anwies, die Filets am Tisch zu braten, empfand dieser das allerdings unter seiner Würde und weigerte sich. Doch Rossini war um eine Lösung nicht verlegen: »Alors tournez-nous le dos!« – »Drehen Sie uns doch den Rücken zu!« So kamen die berühmten Gourmethappen zu ihrem Namen: Tournedos.

Wiener Tafelspitz

(Für 4 Personen)

2 EL Öl · 1,2 kg Tafelspitz
3 Zwiebeln · 200 g Knollensellerie
1 Petersilienwurzel · 2 Möhren
1 Knoblauchzehe
1 rote Chilischote
1 Lorbeerblatt
1/2 TL schwarze Pfefferkörner
3 Wacholderbeeren
Salz · Pfeffer aus der Mühle
1 EL Schnittlauchröllchen
1–2 EL frisch geriebener Meerrettich

1 Das Öl in einem großen Topf erhitzen und das Fleisch darin rundum anbraten. Mit etwa 3 l Wasser auffüllen, bis das Fleisch gut bedeckt ist. Bei milder Hitze 3 Stunden mehr ziehen als köcheln lassen, den dabei aufsteigenden Schaum entfernen.

2 Eine Zwiebel ungeschält halbieren und die Schnittflächen in einer unbeschichteten Pfanne ohne Fett dunkel bräunen. Sellerie, Petersilienwurzel, Möhren und die restlichen Zwiebeln schälen. Petersilienwurzel und Möhren in Scheiben, Sellerie und Zwiebeln in etwa 1 cm große Stücke schneiden. Das Gemüse nach 1 Stunde zum Fleisch geben.

3 Den Knoblauch schälen und halbieren, die Chilischote längs halbieren, entkernen und waschen. Beides 30 Minuten vor Ende der Garzeit mit dem Lorbeerblatt, den Pfefferkörnern und den Wacholderbeeren zum Fleisch in die Brühe geben. Die Brühe mit Salz würzen.

4 Das Fleisch aus der Brühe nehmen, in fingerdicke Scheiben schneiden und auf vorgewärmten Tellern anrichten. Mit etwas Brühe beträufeln und mit Salz und Pfeffer würzen. Mit Schnittlauch und Meerrettich bestreuen.

Tipp:

Eine typische Beilage sind Bouillonkartoffeln: Dafür 500 g geschälte Kartoffeln in 1 1/2 cm große Würfel schneiden. Je 50 g geschälte Möhre, Sellerie und Petersilienwurzel sowie geputzten Lauch in kleine Würfel schneiden. Kartoffeln, Möhre, Sellerie und Petersilienwurzel in Gemüsebrühe 20 bis 30 Minuten weich ziehen lassen. 10 Minuten vor Ende der Garzeit den Lauch dazugeben. Das Gemüse mit wenig Brühe servieren.

Der große österreichische Feuilletonist Joseph Wechsberg (1907–1983) erzählt in seinen Erinnerungen die Geschichte von jenem Wiener Hofrat, der im seinerzeit legendären Wiener Restaurant »Meissl & Schadn« einen Tafelspitz bestellt – so wie in den 30 Jahren zuvor. Als der Kellner ihm mit Bedauern den hinteren Teil des Hüferschwanzls serviert, verlangt der Hofrat umgehend nach Hut und Mantel: »Mein lieber Heinrich, da hätten S' mir gleich ein Kalbskotelett anbieten können.« Auf seinen Tafelspitz ließ und lässt ein echter Wiener eben nichts kommen. Ebenso wenig wie auf die unzähligen anderen Gerichte, in denen (gekochtes) Rindfleisch die Hauptrolle spielt. Die Existenz all dieser Fleischgerichte sowie deren Namen gehen vor allem auf die einzigartige und sehr ökonomische Schnittführung der k.u.k.-Fleischhauer zurück. Mit der lassen sich Hüferschwanzl und -scherzl, Zapfen, Fledermaus, Kavalierspitz und vieles andere mehr als Siedefleisch zuschneiden. Geadelt wurde jedoch allein der Tafelspitz, der als Leibspeise von Kaiser Franz Joseph I. (1848–1916) galt. Diesem sagt man allerdings nach, dass er ein kulinarischer Langeweiler gewesen sei, der nach einfacher und schnell verzehrbarer Kost verlangte. Von der kaiserlichen »Tafel« (wo der Name »Tafel«-spitz herrühren soll, wenn nicht von der Lage des Fleisches am oberen Schwanzansatz) wechselte der unvergleichlich zarte Tafelspitz ins bürgerliche Fach, wo er bis heute größte Hochachtung genießt.

Szegediner Gulasch

(Für 4 Personen)

1 kg Schweineschulter (ohne Schwarte und Knochen)
3 Zwiebeln · 1–2 EL Öl
1 EL Tomatenmark
800 ml Geflügelbrühe
400 g Sauerkraut (aus der Dose)
1/2–1 EL Paprikapulver (edelsüß)
2 Knoblauchzehen
je 1 TL gemahlener Kümmel und getrockneter Majoran
1 TL abgeriebene unbehandelte Zitronenschale
150 g Crème fraîche
Salz · Cayennepfeffer

1 Das Fleisch in 3 cm große Würfel schneiden. Die Zwiebeln schälen, halbieren und quer in dünne Scheiben schneiden.

2 Das Öl portionsweise in einem Topf erhitzen, das Fleisch darin bei milder Hitze rundum anbraten und aus dem Topf nehmen. Die Zwiebeln in den Topf geben und bei milder Hitze glasig dünsten. Das Tomatenmark unterrühren, das Fleisch wieder hinzufügen und die Brühe dazugießen. Einen Deckel so aufsetzen, dass noch ein Spalt frei bleibt, und das Fleisch bei milder Hitze 1 Stunde schmoren. Das Sauerkraut dazugeben und alles offen 1 Stunde weitergaren, bis das Fleisch weich und die Sauce sämig ist.

3 Das Paprikapulver mit wenig kaltem Wasser glatt rühren. Den Knoblauch schälen und in kleine Würfel schneiden. Kümmel, Majoran und Zitronenschale mit dem Knoblauch mischen und mit dem Paprika zum Fleisch geben. Das Gulasch weitere 15 Minuten schmoren.

4 Die Crème fraîche unterrühren und das Szegediner Gulasch mit Salz und Cayennepfeffer herzhaft würzen.

Tipp:

Das Glattrühren des Paprikas verhindert, dass Klümpchen entstehen. Servieren Sie zum Gulasch am besten Salzkartoffeln oder Böhmische Serviettenknödel (siehe S. 110).

Die ungarische Nationalspeise ist eines der wenigen internationalen Gerichte, die auf eine mehr als tausendjährige Geschichte zurückblicken können. Erfunden haben das deftig-scharfe Fleischgericht die Magyaren, Reiterstämme aus dem Ural, die sich um 900 im ungarischen Karpatenbecken als Rinderhirten niederließen. Als gegen Ende des 19. Jahrhunderts das 39. Infanterieregiment der Österreicher im ungarischen Debreczin stationiert wurde, konnte keiner ahnen, dass damit auch der Startschuss für den Siegeszug des Gulaschs durch Europa gefallen war. In besagtem Regiment versahen nämlich viele Rinderhirten aus der Puszta von Hortobagy im Karpatenbecken ihren Dienst. Und die wiederum aßen am liebsten ihr Traditionsgericht »gulyás hús«, das Fleisch (hús) der Rinderhirten (gulyás). Die in einem gusseisernen Kessel zubereitete Speise erfreute sich rasch so großer Beliebtheit bei den Kameraden, dass man die Feldküche der Armee bald nur noch Gulaschkanone nannte. Als das Regiment nach Wien zurückkehrte, marschierte das Gulasch zunächst in die zivilen Küchen ein, um dann die internationalen Speisekarten zu erobern. Natürlich wurde das an sich einfache Rezept im Laufe der Zeit immer wieder abgewandelt: Neben dem Kesselgulasch und dem Debrecziner Gulasch zählt vor allem das Szegediner Gulasch zu den bekanntesten Variationen. Aber Vorsicht: Wer in Ungarn ein Gulasch (gulyás) bestellt, bekommt eine Gulaschsuppe serviert. Möchte man die uns bekannten würzigen Fleischwürfel, muss man »pörkölt« ordern.

Zürcher Geschnetzeltes

(Für 4 Personen)

600 g Kalbsfilet (in dünnen Scheiben; oder Kalbsschnitzel aus der Keule)
1 Zwiebel
300 g Champignons
1 gestr. TL Speisestärke
4 EL Öl · 100 ml Weißwein
200 ml Geflügelbrühe
200 g Sahne
1 Streifen unbehandelte Zitronenschale
3 Scheiben Knoblauch
1 Scheibe Ingwer
Salz · Pfeffer aus der Mühle
1 EL gehackte Petersilie

1 Das Kalbfleisch in Streifen schneiden. Die Zwiebel schälen und in kleine Würfel schneiden. Die Champignons putzen, nicht waschen, und in Scheiben schneiden. Speisestärke mit wenig kaltem Wasser glatt rühren.

2 In einer Pfanne 2 EL Öl portionsweise erhitzen und das Kalbfleisch darin bei mittlerer Hitze kurz anbraten. Aus der Pfanne nehmen und beiseite stellen.

3 In der Pfanne 1 EL Öl erhitzen und die Zwiebel darin bei milder Hitze glasig dünsten. Mit dem Wein ablöschen und einkochen lassen. Die Brühe und die Sahne dazugießen und die Stärke unterrühren. Die Sauce 1 bis 2 Minuten köcheln lassen. Zitronenschale, Knoblauch und Ingwer dazugeben, einige Minuten in der Sauce ziehen lassen und wieder entfernen.

4 Inzwischen das restliche Öl in einer zweiten Pfanne erhitzen und die Pilze darin 1 bis 2 Minuten anbraten. Mit Salz und Pfeffer würzen.

5 Das Kalbfleisch mit den Pilzen in die Sahnesauce geben. Das Zürcher Geschnetzelte mit Salz und Pfeffer abschmecken und mit der Petersilie bestreuen.

Tipp:

Traditionell wird das Zürcher Geschnetzelte mit Rösti serviert. Aber auch Kartoffelpüree passt sehr gut dazu.

Um dem Geheimnis des weit über die Schweiz hinaus bekannten Geschnetzelten auf die Spur zu kommen, sollte man es zumindest einmal im Leben in Zürich gegessen haben, denn hier wurde das vornehme bürgerliche Gericht im 19. Jahrhundert erfunden. Von wem das Rezept stammt, ist nicht überliefert – wie man überhaupt wenig Rummel um die große kulinarische Errungenschaft der Stadt macht. Dass die Zürcher ausgesprochene Fleischesser sind, hat eine lange Tradition: Wo der Reichtum nicht erst seit gestern zu Hause ist, konnte man sich schon früher etwas Besonderes leisten. Doch anders als Kutteln, Ratsherrentopf und »Leberspießli«, die man als heimische Spezialitäten kaum noch auf den Speisekarten findet, hat es das »Züri Geschnätzlets« auch international zu Ruhm gebracht. Noch heute können sich Experten trefflich darüber streiten, ob das Original mit oder ohne Champignons zubereitet wird und ob Nieren unbedingt dazugehören oder nicht. Fest steht dagegen, dass das Fleischgericht keine attraktivere Partnerin als die goldbraunen Rösti finden konnte. Kaum einer serviert das Geschnetzelte heute noch mit Apfelmus, so wie es früher einmal üblich war. Die bekannteste Rösti-Variante stammt zwar aus der Landeshauptstadt Bern, doch die Zürcher beharren darauf, dass das Urrezept des Schweizer Nationalgerichts in ihrer Stadt erfunden wurde. Womit die vornehme Zurückhaltung dann doch ein Ende hat…

Böfflamott

(Für 4 Personen)

1,5 kg flache Rinderschulter
3/4 l kräftiger Rotwein
4 EL Cognac
100 g Knollensellerie
2 Zwiebeln · 1 kleine Möhre
2 EL Öl · 4 TL Puderzucker
1 EL Tomatenmark
1 l Geflügelbrühe
1/2 TL Pimentkörner
1/2 TL schwarze Pfefferkörner
2 Zacken Sternanis
1 cm Zimtrinde
5 Wacholderbeeren · 1 Lorbeerblatt
1 geschälte, halbierte Knoblauchzehe
2 Scheiben Ingwer
je 1 Streifen unbehandelte Orangen- und Zitronenschale
3–4 EL Rotweinessig
4 EL kalte Butter
Salz · Cayennepfeffer
Zucker

1 Von der Rinderschulter das Fett und die äußeren Sehnen entfernen. Das Fleisch in ein passendes Gefäß geben und mit Wein und Cognac bedecken. Falls die Rinderschulter nicht ganz von der Beize bedeckt ist, sollte man ein Küchentuch direkt auf das Fleisch legen – das Tuch saugt sich mit Beize voll und das Fleisch trocknet an der Oberfläche nicht aus. Die Rinderschulter an einem kühlen Ort 3 Tage in der Beize ziehen lassen.

2 Sellerie, Zwiebeln und Möhre schälen und in etwa 1 cm große Würfel schneiden. Das Rindfleisch aus der Beize nehmen und trockentupfen. Die Beize in einem breiten Topf auf ein Drittel einkochen lassen, den dabei aufsteigenden Schaum entfernen.

3 Den Backofen auf 160 °C vorheizen. Das Rindfleisch in einem Bräter im Öl bei mittlerer Hitze rundum anbraten und wieder herausnehmen. 2 TL Puderzucker in den Bräter geben und hell karamellisieren. Mit einem Drittel der Beize ablöschen, das Tomatenmark unterrühren und sämig einkochen lassen.

4 Die restliche Beize und die Brühe hinzufügen, Fleisch und Wurzelgemüse hineingeben. Den Deckel so auflegen, dass noch ein Spalt frei bleibt, und das Fleisch im vorgeheizten Backofen 3 bis 4 Stunden schmoren, bis es weich ist. Dabei gelegentlich wenden. 20 Minuten vor Ende der Garzeit Piment- und Pfefferkörner, Sternanis, Zimt, angedrückte Wacholderbeeren und Lorbeerblatt dazugeben und mitgaren.

5 Das Fleisch aus der Schmorsauce nehmen, die Sauce durch ein Sieb in einen Topf gießen, dabei das Gemüse etwas ausdrücken. Die Sauce auf die Hälfte einkochen lassen. Knoblauch, Ingwer und Zitrusschalen dazugeben, einige Minuten darin ziehen lassen und wieder entfernen.

6 Den restlichen Puderzucker in einer Pfanne bei milder Hitze hell karamellisieren. Mit Essig ablöschen und sirupartig einkochen lassen. Die Butter stückchenweise unter die Schmorsauce rühren, mit der Essigreduktion, Salz, Cayennepfeffer und Zucker abschmecken. Das Böfflamott in Scheiben schneiden und mit der Sauce anrichten.

Napoleon war wieder einmal schuld. Als Bayern zu Beginn des 19. Jahrhunderts von den Franzosen besetzt war, schlich sich so manches französische Wort in das Alltagsvokabular: Der Bürgersteig wurde zum Trottoir, das Federbett zum Plumeau und um zu bezahlen, griff man nicht mehr in die Geldbörse, sondern ins Portemonnaie. Aber auch die Köche an Donau, Lech und Isar ließen sich von den raffinierten Rezepten aus den Kochbüchern des »Erbfeindes« anregen. So wurde auch das ursprünglich aus dem weinseligen Burgund stammende Traditionsgericht Bœuf à la mode auf bayerische Art abgewandelt. Da dieser saftige Sauerbraten den Bayern besonders gut schmeckte, übernahm man nicht nur sein Rezept, sondern bajuwarisierte auch seinen Namen: Aus »Bœuf à la mode« wurde »Böfflamott«. Und mit dieser netten Verballhornung kann man heutzutage ganz nebenbei auch noch Verwirrung bei preußischen Gästen stiften…

Berliner Eisbein mit Sauerkraut

(Für 4 Personen)

Für das Eisbein:

1 Zwiebel · 1 Lorbeerblatt
2 Gewürznelken
2 gepökelte hintere Schweinshaxen (à ca. 1,5 kg)
1 TL schwarze Pfefferkörner
3 Wacholderbeeren

Für das Sauerkraut:

1 große Zwiebel · 1–2 EL Öl
1 kg frisches Sauerkraut
150 ml Weißwein
1/2 l Gemüsebrühe
80 g durchwachsener Speck
5 schwarze Pfefferkörner
2 Wacholderbeeren
1 Lorbeerblatt · 2 EL Apfelmus
1 EL Butter · Salz
Cayennepfeffer · Zucker

1 Für das Eisbein die Zwiebel schälen, mit dem Lorbeerblatt belegen und dieses mit den Nelken feststecken. Die Schweinshaxen waschen, in einen großen Topf legen, die gespickte Zwiebel dazugeben und alles mit Wasser bedecken. Das Wasser zum Kochen bringen und das Fleisch 2 bis 2 1/2 Stunden darin köcheln lassen.

2 Die Pfefferkörner und die leicht angedrückten Wacholderbeeren in den Sud geben und das Fleisch etwa 30 Minuten weitergaren, bis es sich vom Knochen lösen lässt.

3 Inzwischen für das Sauerkraut die Zwiebel schälen und in kleine Würfel schneiden. Das Öl in einem Topf erhitzen und die Zwiebelwürfel darin glasig dünsten. Das Sauerkraut dazugeben, mit Wein ablöschen und fast vollständig einkochen lassen. Die Brühe dazugießen, den Speck hinzufügen und das Sauerkraut bei milder Hitze 20 Minuten garen.

4 Die Pfefferkörner, die leicht angedrückten Wacholderbeeren und das Lorbeerblatt in ein Gewürzsäckchen binden, zum Kraut geben und 15 Minuten weitergaren. Den Speck und die Gewürze wieder entfernen, das Apfelmus und die Butter unterrühren und das Sauerkraut mit Salz, Cayennepfeffer und Zucker abschmecken.

5 Vom Eisbein die Schwarten und Knochen entfernen und das magere Fleisch gegen den Faserverlauf in Scheiben schneiden. Mit dem Sauerkraut auf Tellern anrichten.

Es ist allgemein bekannt, dass Eisbein eine typische Berliner Spezialität ist – und dass es sich dabei um einen Teil des Schweinebeins handelt, weiß auch (fast) jeder. Aber wie das Eisbein zu seinem Namen kam, das wissen nur die wenigsten. Dabei ist die Antwort denkbar einfach: Die Berliner schnitzten schon im Mittelalter aus den »Eisknochen« (Unterschenkelknochen) der Schweine ihre Schlittschuhe – natürlich nicht, ohne diese vorher sorgfältig abgenagt zu haben. Das Eisbein trägt eigentlich die Fachbezeichnung Dickbein und kann sowohl vom Vorder- als auch vom Hinterbein des Schweins stammen. Die Dickbeine konservierte man früher, indem man sie pökelte. Feinschmecker sprachen damals oft etwas abfällig von der Küche »à la Berlinoise« – Pökeln galt eben nicht als die feine französische Art. Aber genau diese Zubereitungsart gehört nun einmal unverzichtbar zum Eisbein, das zunächst gepökelt, dann gekocht und schließlich mit Sauerkraut und Erbsenpüree auf den Tisch kommt. Das ist gute alte Tradition, seitdem das Gericht in dieser Form vermutlich erstmals im 19. Jahrhundert in einer Kneipe in der Nähe des Görlitzer Bahnhofs serviert wurde.

Rostbraten Esterházy

(Für 4 Personen)

je 1 Zwiebel und Möhre
100 g Knollensellerie
2 EL Butter
400 ml Geflügelbrühe
4 Scheiben Roastbeef (à 200 g)
Salz · 2 EL scharfer Senf
1–2 EL Öl · 1 TL Puderzucker
150 ml Rotwein
1–2 TL Tomatenmark
1 TL eingelegte Kapern
1 Streifen unbehandelte Zitronenschale
1 Estragonstiel
1 $1/2$ EL Speisestärke
100 g Crème fraîche
Pfeffer aus der Mühle
1 EL gehackte Petersilie

1 Zwiebel, Möhre und Sellerie schälen und in feine Streifen schneiden. Die Butter in einer Pfanne zerlassen und die Zwiebel darin bei mittlerer Hitze glasig dünsten. Möhren- und Selleriestreifen hinzufügen und kurz andünsten. Mit der Brühe ablöschen und vom Herd nehmen.

2 Den Backofen auf 100 °C vorheizen. Einen Bratrost auf die mittlere Schiene und ein Abtropfblech darunter schieben.

3 Die Roastbeefscheiben von den Sehnen befreien, etwas flach klopfen, salzen und mit Senf bestreichen. Das Öl in einer Pfanne erhitzen und die Fleischscheiben darin bei mittlerer Hitze auf beiden Seiten kurz anbraten. Auf den Bratrost in den vorgeheizten Backofen legen und 20 Minuten rosa garen.

4 Den Puderzucker in die Pfanne stäuben und hell karamellisieren. Mit Wein ablöschen, das Tomatenmark unterrühren und sämig einkochen lassen. Das Gemüse mit der Brühe, den abgetropften Kapern, der Zitronenschale und dem Estragon hinzufügen und die Sauce 5 bis 10 Minuten knapp unter dem Siedepunkt ziehen lassen.

5 Die Speisestärke mit wenig kaltem Wasser glatt rühren. Die Sauce durch ein Sieb gießen und zum Kochen bringen. Mit der Speisestärke binden und bei milder Hitze etwa 3 Minuten kaum merklich köcheln lassen. Die Crème fraîche unterrühren, die Gemüsestreifen wieder dazugeben und die Sauce mit Salz und Pfeffer würzen. Die Roastbeefscheiben mit der Sauce auf Tellern anrichten und mit Petersilie bestreuen.

Es ist kein Wunder, dass viele heute bei Esterházy vor allem ans Essen denken, denn mit dem Namen des alten ungarischen Magnatengeschlechts wurden gleich mehrere Gerichte geadelt. Zu den prominentesten Mitgliedern der angesehenen Familiendynastie, die viele Generäle, Abenteurer und Diplomaten hervorgebracht hat, zählt zweifellos Fürst Nikolaus II. (1765–1833), der vor allem als Lebemann und Kunstmäzen von sich reden machte. In den Geschichtsbüchern würde Nikolaus wohl kaum erwähnt, hätte er nicht doch mit einer wichtigen politischen Entscheidung für Aufsehen gesorgt. Als Napoleon ihm 1809 die ungarische Königskrone anbot, lehnte der Fürst dies ab: Ob aus mangelndem politischem Ehrgeiz oder aus Treue zum Hause Habsburg, ist nicht geklärt. Der Gesandte, den Napoleon zu Nikolaus geschickt hatte, wurde die Krone jedenfalls nicht los – dafür aber mit einem köstlichen Rostbraten entschädigt, den Fürst Esterházy angeblich zu Ehren seines Gastes selbst zubereitet hatte. Das Gericht muss bei diesem Empfang begeisterten Anklang gefunden haben, denn nur wenige Jahre später stand der »Rostbraten Esterházy« in Wien bereits auf den Speisekarten der führenden Restaurants. Und die Kochkünste des Fürsten konnten wohl auch den französischen Gesandten versöhnlich stimmen: Das Bratenrezept hatte dieser vermutlich bei seiner Heimreise mit im Gepäck, denn vor allem von Frankreich aus wurde das Gericht dann in aller Welt berühmt.

Ossobuco

(Für 4 Personen)

150 g Knollensellerie
1 mittelgroße Möhre
1 Zwiebel
4 Scheiben Kalbshaxe
(jeweils 3–4 cm dick; ca. 1,5 kg)
Salz · Pfeffer aus der Mühle
2 EL Olivenöl · 1/8 l Rotwein
1 EL Tomatenmark
400 ml Kalbsfond
(oder Geflügelbrühe)
1 Knoblauchzehe
1 Lorbeerblatt
1 Rosmarinzweig
2 Streifen unbehandelte
Zitronenschale
2 EL grob gehackte Petersilie

1 Sellerie, Möhre und Zwiebel schälen und in 1/2 bis 1 cm große Würfel schneiden. Die Kalbshaxenscheiben mit Salz und Pfeffer würzen. Das Olivenöl in einem breiten Topf erhitzen, die Fleischscheiben darin bei mittlerer Hitze auf beiden Seiten anbraten und aus dem Topf nehmen.

2 Die Gemüsewürfel im Topf bei milder Hitze andünsten, falls nötig noch etwas Öl hinzufügen. Mit dem Wein ablöschen, das Tomatenmark unterrühren und sämig einkochen lassen. Den Kalbsfond dazugießen und die Fleischscheiben auf das Gemüse legen.

3 Die Kalbsscheiben zugedeckt bei milder Hitze etwa 1 1/2 Stunden schmoren, bis das Fleisch weich ist. Dabei ein- bis zweimal wenden. Den Knoblauch schälen, halbieren und etwa 10 Minuten vor Ende der Garzeit mit dem Lorbeerblatt, dem Rosmarinzweig und der Zitronenschale hinzufügen.

4 Die Fleischscheiben aus der Sauce nehmen und Knoblauch, Lorbeerblatt, Rosmarin sowie Zitronenschale wieder entfernen. Die Sauce durch ein Sieb gießen, falls nötig noch etwas einkochen lassen und mit Salz und Pfeffer würzen. Die Kalbshaxenscheiben auf vorgewärmte Teller geben, mit reichlich Sauce bedecken und mit Petersilie bestreuen.

Fragt man Italiener, welche Voraussetzungen ein »echtes« Ossobuco erfüllen muss, einigen sie sich nach einiger Zeit auf drei Punkte. Erstens: Es muss eine 3 bis 4 cm dicke Scheibe aus der Kalbshaxe sein. Zweitens: Es muss lange schmoren (mindestens 90 Minuten). Und drittens ist das Gericht erst dann fertig, wenn das Fleisch vom Knochen fällt. Das Rezept für Ossobuco alla milanese – wörtlich übersetzt: Der Knochen (osso) mit dem Loch (buco) – ist eines der ältesten schriftlich überlieferten Gerichte Italiens (1475 erstmals von dem vatikanischen Bibliothekar Platina erwähnt) und typisch für die Küche der Lombardei. Dafür werden Kalbshaxe und Gemüse (Möhre, Sellerie und Zwiebel) getrennt (!) angebraten, bevor beides in einem Schmortopf mit Bratenfond, Brühe und Rotwein begossen wird und dann in Ruhe vor sich hin schmoren darf, lediglich gestört durch gelegentliches Wenden. Nur wenn Fleisch und Gemüse sanft angebraten werden, ergibt sich der unvergleichliche Geschmack, der durch das austretende Fett des Markknochens abgerundet wird. In Mailand, das sich brüstet, die Heimat des Original-Ossobuco zu sein, reicht man dazu Gremolata (eine Paste aus abgeriebener Zitronenschale, Petersilie und Knoblauch) und Risotto alla milanese, Safranreis (siehe Seite 111).

Weißwurst auf Linsengemüse

(Für 4 Personen)

Für das Linsengemüse:
50 g durchwachsener Speck
1/2 Zwiebel · 1 EL Öl
150 g kleine grüne Linsen
1 EL Tomatenmark
1/2 l Geflügelbrühe
je 30 g Möhre, Lauch und Knollensellerie (geschält bzw. geputzt)
getrockneter Majoran
1 TL Puderzucker
2 EL Balsamicoessig
je 1 Scheibe Knoblauch und Ingwer
1 EL braune Butter (siehe S. 14)
Salz · Cayennepfeffer

Für die Weißwurst:
6 Weißwürste · 2 Eier
Salz · Pfeffer aus der Mühle
etwas Zitronensaft
100 g doppelgriffiges Mehl
100 g Weißbrotbrösel
Öl zum Braten

1 Für das Gemüse den Speck in kleine Würfel schneiden. Die Zwiebel schälen und ebenfalls in kleine Würfel schneiden. Beides in einem Topf im Öl glasig dünsten. Die Linsen waschen und abtropfen lassen. In den Topf geben und das Tomatenmark unterrühren. Die Brühe dazugießen und die Linsen etwa 30 Minuten köcheln lassen.

2 Möhre, Lauch und Sellerie in kleine Würfel schneiden und zu den Linsen geben. Das Gemüse mit 1 Prise Majoran würzen und weitere 10 Minuten garen. Den Puderzucker in einer Pfanne bei milder Hitze hell karamellisieren, mit dem Essig ablöschen und etwas einkochen lassen.

3 Knoblauch und Ingwer zum Linsengemüse geben und einige Minuten darin ziehen lassen. Das Gemüse mit der Essigreduktion, der braunen Butter, Salz und Cayennepfeffer würzen. Knoblauch und Ingwer wieder entfernen.

4 Die Weißwürste häuten und schräg in 2 cm dicke Scheiben schneiden. Die Eier in einem tiefen Teller verquirlen und mit Salz, Pfeffer und Zitronensaft würzen. Mehl und Weißbrotbrösel ebenfalls in tiefe Teller geben. Die Wurstscheiben zuerst im Mehl, dann in den Eiern und zuletzt in den Bröseln wenden. In einer Pfanne fingerbreit Öl erhitzen. Die Wurstscheiben darin bei mittlerer Hitze auf beiden Seiten goldbraun braten, auf Küchenpapier abtropfen lassen und mit dem Linsengemüse anrichten.

Tipp:

Sie können das Gemüse noch verfeinern, indem Sie etwas Zimtrinde und 1 Streifen unbehandelte Orangenschale einige Minuten darin ziehen lassen.

Der Weißwurst-Äquator trennt nicht ohne Grund die Bayern und ihre benachbarten Stämme vom mehr oder weniger preußischen Rest im Norden der Republik. Die blasse Wurst ist das kulinarische Wahrzeichen der Isar-Metropole, am Grad der Wertschätzung, die der Zugereiste dieser grandiosen Spezialität entgegenbringt, ermisst der Einheimische, wer ein Münchner werden könnte und wer nicht. In der Frage, wem die Ehre des Erfinders gebührt, hat sich mit den Jahren folgende Geschichte durchgesetzt: Die Weißwurst wurde am 22. Februar 1857 in dem Gasthaus »Zum ewigen Licht« am Marienplatz aus der Not geboren. Es war Faschingszeit und der Metzgergeselle Sepp Moser musste schon frühmorgens mit der Produktion größerer Mengen Kalbsbratwürste beginnen. Als das Brät fertig war, stellte er jedoch mit Schrecken fest, dass ihm die Schafssaitlinge ausgegangen waren. Die Verzweiflung beflügelte die Fantasie des Moser Sepp: Er füllte das Brät in die viel dickeren Schweinedärme, brühte die soeben kreierten Würste kurz ab und servierte sie mit süßem Senf und einer frischen Brezen – wie es auch heute noch Brauch ist. Nach anfänglichem Misstrauen und ein paar geschmacklichen Verfeinerungen wurde die so genannte Weißwurst zur berühmtesten Münchner Spezialität. Und der edle Wettstreit der Metzger um das beste Rezept wird wohl andauern bis zum Jüngsten Tag…

Rostbratwürstl auf Wirsinggemüse

(Für 4 Personen)

1 mittelgroßer Kopf Wirsing · Salz
200 g Sahne
1–2 EL Sahnemeerrettich (aus dem Glas)
2 EL kalte Butter
Cayennepfeffer · 1–2 EL Öl
24 Nürnberger Rostbratwürstl
1 EL grob gehackte Petersilie

1 Für das Wirsinggemüse vom Wirsing den Strunk entfernen. Den Wirsing in die einzelnen Blätter teilen und die Blattrippen herausschneiden. Die Blätter waschen, in kochendem Salzwasser bissfest blanchieren, kalt abschrecken und abtropfen lassen. Mit den Händen gut ausdrücken und die Blätter in Rauten schneiden.

2 Den Wirsing mit der Sahne in einen Topf geben und erhitzen. Den Meerrettich und die Butter unterrühren und das Gemüse mit Salz und Cayennepfeffer würzen.

3 Das Öl in einer Pfanne erhitzen und die Würstl darin bei mittlerer Hitze rundum braten. Mit dem Wirsinggemüse auf vorgewärmten Tellern anrichten und mit der Petersilie bestreuen.

Tipp:

Sie können das Gemüse auch je zur Hälfte aus Wirsing und Grünkohl zubereiten. Den Grünkohl ebenfalls wie im Rezept beschrieben putzen, waschen und blanchieren. Mit dem Wirsing weiterverarbeiten.

Klein, aber oho: Das schon zu Zeiten Albrecht Dürers (1471–1528) beliebte Nürnberger Rostbratwürstl ist zwar nur etwa so lang wie ein Finger, aber fast doppelt so würzig wie andere deutsche Bratwürste. Das Geheimnis? Viel Majoran, eventuell sogar Thymian, Ingwer, Kardamom, Macisblüte, Salz, Pfeffer und Zitrone – nicht umsonst versteht man sich in Nürnberg auch aufs Lebkuchenbacken (siehe Seite 144). Seit langem streiten die Nürnberger mit den Regensburgern, in welcher Stadt es schon länger um die Wurst geht: Die etwas dickeren, weniger würzigen Regensburger Bratwürste wurden zwar vermutlich schon im 14. Jahrhundert auf den Rost gelegt; auf eine lückenlos dokumentierte Vergangenheit kann aber nur die »Historische Bratwurstküche anno 1419 Zum Gulden Stern« in der Nürnberger Zirkelschmiedsgasse zurückblicken. In den Bratwurststuben der Altstadt rollt heute das ganze Jahr über der Nachschub an frischen, eben erst mit bestem Schinkenfleisch gefüllten Würstchen. Mancher nimmt sich für den Stadtbummel auch »Zwaa in a Weckla« (zwei Nürnberger in einer Semmel) mit. Von den traditionell über einem offenen Buchenholzfeuer gebratenen Würstchen kann ein gestandenes Mannsbild aber leicht sechs, zwölf oder gar 18 Exemplare verdrücken, ohne sich seines gesunden Appetits schämen zu müssen. Die Franken haben als gesottene Alternative auch gleich die »Blauen Zipfel« erfunden: rohe Bratwürste, die in einem gut gewürzten Essig- oder Weißweinsud gegart werden.

Das Backhendl war eine Lieblingsspeise in den Wiener Heurigenlokalen.

Geflügel

Wiener Backhendl

Coq au vin

(Für 4 Personen)

4 Hähnchenkeulen
(à ca. 200 g; mit Haut)
2 Zwiebeln · 1 kleine Möhre
120 g Knollensellerie
3–4 EL Öl · 1 TL Puderzucker
1 EL Tomatenmark
4 EL Cognac
1/2 l kräftiger Rotwein
600 ml Geflügelbrühe
1/2 TL Pimentkörner
1 TL schwarze Pfefferkörner
1 EL getrocknete Champignons
1 Lorbeerblatt
1 EL Speisestärke
1 Thymianzweig
2 Scheiben Knoblauch
1 Streifen unbehandelte Zitronenschale
3 EL kalte Butter
Salz · Pfeffer aus der Mühle
150 g Perlzwiebeln
150 g Champignons (oder Egerlinge)

1 Die Hähnchenkeulen häuten, am Gelenk halbieren, waschen und trockentupfen. Das überstehende Knochenende der Unterkeulen weghacken. Das Gemüse schälen und zerkleinern. Die Hähnchenteile in einem Topf bei mittlerer Hitze in 1 bis 2 EL Öl rundum anbraten und herausnehmen. Puderzucker in den Topf stäuben, hell karamellisieren und das Gemüse darin andünsten. Das Tomatenmark dazugeben und anschwitzen. Mit Cognac ablöschen, den Wein hinzufügen und auf ein Drittel einkochen lassen. Die Hähnchenteile darauf legen, 550 ml Brühe dazugießen und den Deckel so auflegen, dass noch ein Spalt frei bleibt. Knapp unter dem Siedepunkt 15 Minuten garen. Piment- und Pfefferkörner, getrocknete Pilze und das Lorbeerblatt in einen Einwegteebeutel binden, dazugeben und alles weitere 20 Minuten schmoren.

2 Die Hähnchenteile herausnehmen, die Sauce durch ein Sieb gießen und die Gewürze entfernen. Die Sauce auf zwei Drittel einkochen lassen. Die Speisestärke mit ein wenig kaltem Wasser glatt rühren, die Sauce damit binden und noch kurz köcheln lassen. Thymian, Knoblauch und Zitronenschale dazugeben, einige Minuten darin ziehen lassen und wieder entfernen. 2 EL kalte Butter unter die Sauce mixen, mit Salz und Pfeffer abschmecken und die Hähnchenkeulen darin erwärmen.

3 Inzwischen die Perlzwiebeln schälen und in einem kleinen Topf bei milder Hitze in der restlichen Butter glasig dünsten. Die restliche Brühe dazugeben und die Perlzwiebeln zugedeckt etwa 10 Minuten weich dünsten. Die Pilze putzen, nicht waschen, und halbieren. In einer Pfanne bei mittlerer Hitze im restlichen Öl 1 Minute anbraten und mit den Perlzwiebeln zum Coq au vin geben. Zum Servieren nach Belieben mit kross gebratenen Speckstreifen bestreuen.

Die Franzosen haben ihren Wein, ihren Käse, ihre Baguette und ihren Hahn, der seit der Antike ein Wahrzeichen für Frankreich ist: Schließlich bedeutete das lateinische »gallus« sowohl Gallier als auch Hahn. Das Federvieh spielte aber auch in der Küche immer eine wichtige Rolle. Heinrich IV. (1589–1610) ging unter anderem deshalb als »bon roi«, als guter König, in die Geschichte ein, weil er seinen Untertanen jeden Sonntag ein Huhn im Topf (»une poule dans le pot«) versprach: Man weiß ja, wie revolutionär hungrige Franzosen werden können. Das zarte Geflügel mit Wein zuzubereiten, dieser Schritt wurde in Frankreichs Weinregionen gewiss schon im Mittelalter vollzogen – und natürlich verwendete man in jeder Region den eigenen Rebensaft. So gibt es im Burgund einen Coq au Chambertin, im Elsass einen Coq au Riesling und in der Franche-Comté einen Coq au Vin jaune. Der Coq au vin de Chanturgue ist eine Spezialität der Auvergne, und glaubt man dem »Larousse ménager« von 1927, stammt dieses Rezept sogar aus der Zeit Heinrichs IV. Der König machte sich übrigens auch als Feldherr um die französische Küche verdient: Unter seiner Herrschaft wurde im Jahr 1600 die Bresse, die Heimat der schon damals berühmten Delikatesshühner, von Savoyen zurückerobert.

Hähnchencurry

(Für 4 Personen)

1 rote Chilischote
2 1/2 EL Currypulver
je 1 TL gehackter Knoblauch und Ingwer
Salz · 2 EL Olivenöl
4 Hähnchenkeulen (à ca. 200 g; ohne Haut)
140 g fest kochende Kartoffeln
3 Schalotten · 2–3 EL Öl
400 ml Geflügelbrühe
200 g Tomatenstücke (aus der Dose)
1 Lorbeerblatt · 300 ml Kokosmilch
1 Knoblauchzehe
2 Scheiben Ingwer
1 Splitter Zimtrinde
1/4 Vanilleschote
1/2 Stängel Zitronengras
etwas Zitronensaft · Zucker

1 Die Chilischote längs aufschneiden, entkernen, waschen und in kleine Würfel schneiden. Mit der Hälfte des Currys, dem Knoblauch, dem Ingwer, 1/2 TL Salz und dem Olivenöl verrühren. Hähnchenkeulen waschen und trockentupfen, am Gelenk halbieren und die Knochen entfernen. Mit der Gewürzmischung einreiben und zugedeckt im Kühlschrank 2 Stunden ziehen lassen.

2 Die Kartoffeln schälen, waschen und in 1 bis 2 cm große Würfel schneiden. Die Schalotten schälen und in kleine Würfel schneiden. Das Öl in einer großen Schmorpfanne erhitzen, die Hähnchenkeulen darin bei milder Hitze rundum anbraten und herausnehmen. Die Kartoffeln und die Schalotten im verbliebenen Bratfett andünsten.

3 Das Fleisch wieder in die Pfanne geben, die Brühe dazugießen, Tomatenstücke, restlichen Curry und Lorbeerblatt hinzufügen. Den Deckel so auflegen, dass noch ein Spalt frei bleibt, und das Hähnchencurry knapp unter dem Siedepunkt etwa 15 Minuten schmoren.

4 Die Kokosmilch mit ungeschältem, halbiertem Knoblauch, Ingwer, Zimt, Vanilleschote und dem leicht flach geklopften Zitronengras zum Curry geben. Die Gewürze 10 Minuten darin ziehen lassen und anschließend mit dem Lorbeerblatt wieder entfernen.

5 Das Fleisch herausnehmen und die Sauce mit dem Stabmixer sämig pürieren. Mit Zitronensaft, Salz, Zucker und nach Belieben noch mit etwas Curry abschmecken und die Hähnchenteile wieder dazugeben.

Dass hierzulande wahrscheinlich jeder Curry kennt, daran ist vor allem Herta Heuwer schuld, die 1949 in ihrer Imbissbude in Berlin die Currywurst erfand. Ursprünglich verdanken wir Curry allerdings den Engländern, die es im 18. Jahrhundert aus Indien nach Europa brachten – und zwar gleich in doppelter Form: als Gewürz und als Gericht. Sprachlich gesehen handelt es sich bei Curry um eine englische Verballhornung zweier indischer Wörter: Das in Südindien gebräuchliche »kaari« beschreibt Gerichte, die im Wesentlichen aus Fisch, Fleisch, Geflügel oder Gemüse, Reis sowie pikanten Saucen und frisch zubereiteten Gewürzmischungen bestehen. »Kahdi« werden im indischen Norden Gerichte mit scharfen Saucen genannt. Auf dem Weg von der britischen Kronkolonie Indien nach England und ins übrige Europa wurde aus »kaari« und »kahdi« schließlich vereinfachend das auch im Deutschen gängige Curry – sowohl für die besagten indischen »Gulasch«-Gerichte als auch für das Gewürz. Letzteres hat mit dem Currybaum überhaupt nichts zu tun, obgleich dessen Blätter auch in der Küche Verwendung finden. Unser Currypulver ist vielmehr eine Gewürzmischung, in der 12 bis 20 verschiedene gemahlene Gewürze enthalten sind, wie etwa Kreuzkümmel, Cayennepfeffer, Ingwer, Kardamom, Nelken, Kurkuma und Paprika. In Indien heißen solche Mischungen Masala.

Hähnchen auf Tandoori Art

(Für 4 Personen)

$1/2$ TL Korianderkörner
je $1/4$ TL Fenchel-, Kardamom- und Kreuzkümmelsamen
$1/2$ EL getrocknete Kichererbsen
200 g Naturjoghurt
$1/2$ TL gehackter Knoblauch
$1/2$ TL gehackter Ingwer
Saft von $1/2$ Zitrone
1 EL Erdnussöl
2 EL Tandooripaste (aus dem Asienladen)
Salz · Cayennepfeffer
1 TL Paprikapulver (edelsüß)
$1/4$ TL Kurkumapulver
4 Hähnchenbrustfilets (à 250 g; ohne Haut)

1 Für die Marinade Koriander, Fenchel, Kardamom und Kreuzkümmel in einer Pfanne ohne Fett bei milder Hitze rösten, bis sie zu duften beginnen. Etwas abkühlen lassen und mit den Kichererbsen in der Gewürzmühle fein mahlen.

2 Den Joghurt mit Knoblauch, Ingwer, Zitronensaft, Erdnussöl und den Gewürzen mischen. Die Tandooripaste mit Salz, $1/4$ TL Cayennepfeffer, Paprika und Kurkuma zu der Joghurtmischung geben.

3 Die Hähnchenbrustfilets waschen und trockentupfen. In einer Schüssel mit der Marinade übergießen, einmal kurz darin wenden und zugedeckt im Kühlschrank 1 Tag marinieren.

4 Am nächsten Tag den Backofen auf 180 °C vorheizen und ein Backblech mit Backpapier auslegen. Das Hähnchenfleisch aus der Marinade nehmen und die Marinade abtropfen lassen, bis noch eine dünne Schicht auf dem Fleisch bleibt. Die Hähnchenbrustfilets auf das Backblech legen und im vorgeheizten Backofen etwa 30 Minuten braten.

Tipp:

Anstatt Kichererbsen können Sie auch getrocknete Linsen verwenden. Die Hülsenfrüchte enthalten viel Stärke, geben der Marinade eine leichte Bindung und verhindern, dass der Joghurt beim Erhitzen gerinnt.

Wer ein Tandoori Chicken zubereiten will, müsste eigentlich einen Lehmofen, einen Tandoor, besitzen, denn in ihm wird das Geflügel in seiner indischen Heimat traditionell zubereitet. Den Tandoor könnte man als ein in die Erde eingelassenes Fass ohne Deckel beschreiben, in dem die verschiedensten Gerichte über Holzkohle gegart werden. Als Erfinder des Ofens gelten die Araber, die ihn schon im Mittelalter in den Norden Indiens und den gesamten Mittleren Osten gebracht haben sollen. Ursprünglich wurden im Tandoor nur flache Fladenbrote gebacken – erst später kam man auf die Idee, in der Resthitze auch andere Gerichte zu garen, die dadurch eine charakteristische erdige Note bekamen. Das bekannteste dieser Gerichte ist das Tandoori Chicken, das man aber auch getrost im Backofen zubereiten kann, denn sein Geheimnis liegt in der würzigen Joghurtmarinade, die das Fleisch besonders zart macht. Wie viele andere indische Spezialitäten fand auch das Tandoori-Hähnchen über England seinen Weg ins übrige Europa. Die heute auf der Insel beliebteste Variante des Gerichts, Chicken Tikka Masala (was so viel bedeutet wie Hähnchen auf Tandoori Art), wurde Mitte des vorigen Jahrhunderts nicht etwa in Indien oder wenigstens in London, sondern in einem »Curry House« im schottischen Glasgow erfunden. Die Legende besagt, dass ein Gast, der Tandoori Chicken bestellt hatte, vom Kellner Sauce zum Fleisch verlangte. Der Küchenchef, amüsiert über dieses ungewöhnliche Anliegen, öffnete kurzerhand eine Dose Tomaten, mixte einige Gewürze darunter und richtete das Ganze mit dem Hähnchenfleisch an. Heute servieren indische Restaurants Chicken Tikka Masala über 20 Millionen Mal im Jahr – das klingt fast nach einem heimlichen Nationalgericht.

Königinpasteten mit Hähnchen

(Für 4 Personen)

Für das Hähnchenragout:
400 g Hähnchenbrustfilet (ohne Haut)
1/4 l Geflügelbrühe
1/2 EL getrocknete Champignons
100 g frische Champignons
1/2 Zwiebel · 1 Lorbeerblatt
2 Gewürznelken
2 EL Butter · 2 EL Mehl
50 g Sahne · 2 Schalotten
70 ml Weißwein
Salz · Cayennepfeffer
frisch geriebene Muskatnuss
etwas Zitronensaft
etwas Worcestershiresauce

Für die Pasteten:
4 Königinpasteten (Fertigprodukt)

1 Für das Ragout das Hähnchenfleisch waschen und trockentupfen. Die Brühe in einem großen Topf aufkochen und vom Herd ziehen. Die getrockneten Pilze hinzufügen, das Hähnchenfleisch dazugeben und bei etwa 80 °C 15 bis 20 Minuten ziehen lassen. Das Fleisch herausnehmen, zugedeckt abkühlen lassen und in etwa 1 cm große Würfel schneiden. Die Brühe durch ein Sieb gießen und ebenfalls abkühlen lassen.

2 Die frischen Champignons putzen, nicht waschen, und in 1/2 bis 1 cm große Würfel schneiden. Die Zwiebel schälen, mit dem Lorbeerblatt belegen und dieses mit den Nelken feststecken.

3 In einem Topf 1 EL Butter bei milder Hitze zerlassen und das Mehl darin anschwitzen. Die Brühe unter Rühren nach und nach dazugeben, die gespickte Zwiebel hinzufügen und die Sauce unter häufigem Rühren 20 bis 30 Minuten kaum merklich köcheln lassen. Die Zwiebel wieder entfernen, die Sahne unterrühren und die Sauce durch ein Sieb streichen.

4 Die Schalotten schälen, in kleine Würfel schneiden und in einer Pfanne bei milder Hitze in der restlichen Butter glasig dünsten. Mit dem Wein ablöschen und auf ein Drittel einkochen lassen. Die Champignons dazugeben und kurz dünsten. Dann mit den Hähnchenwürfeln unter die Sauce mischen. Das Hähnchenragout mit Salz, Cayennepfeffer, Muskatnuss, Zitronensaft und Worcestershiresauce abschmecken.

5 Für die Pasteten die Königinpasteten nach Packungsanweisung im Backofen erwärmen. Mit dem Ragout füllen, den Deckel aufsetzen und sofort servieren.

Ursprünglich waren Pasteten ein preiswertes Fastfood, schon in der Antike wurden sie während der Aufführung von Tragödien verkauft wie heute heiße Würstchen im Fußballstadion. Später dienten sie als Pausensnack für mittelalterliche Grubenarbeiter oder wurden als schneller Imbiss auf der Straße angeboten. Ihr großer Vorteil: Die von Teig ummantelte Füllung ließ sich relativ lange aufbewahren und überall problemlos verspeisen. Im Laufe der Jahrhunderte verfeinerte sich die Füllung ebenso wie die Kundschaft. Größte Verdienste bei der Veredelung erwarb sich Jean-Pierre Clause mit seiner um 1780 in Straßburg erfundenen Gänsestopfleberpastete, einem Klassiker der Pastetengeschichte. Zu dieser Riege der Klassiker zählt auch die Königinpastete, auf Französisch »Bouchée de la reine«, eine kleine offene Blätterteigpastete mit einer feinen Fleischfüllung. Bei ihrer Erfindung hat vermutlich Stanislaus I. Leszczyński (1677-1766), ein polnischer Exilkönig, mitgemischt, den man aus seiner Heimat vertrieben und mit dem Herzogtum Lothringen abgefunden hatte. So glücklos seine politische Karriere verlief, so erfolgreich schrieb er Culinaria-Geschichte: Denn als passionierter Feinschmecker hinterließ Stanislaus von Nancy aus der Nachwelt Köstlichkeiten wie den Baba au rhum (einen rumgetränkten Napfkuchen) oder eben jene Königinpastete, die er seiner Tochter Maria, der Gemahlin Ludwigs XV., widmete.

Club-Sandwich

(Für 4 Personen)

2 Hähnchenbrustfilets (à 200 g; ohne Haut)
4 EL Öl
8 Blätter Eisbergsalat (in Toastbrotgröße)
2 große Tomaten
8 Scheiben Frühstücksspeck
12 Scheiben Toastbrot
250 g Mayonnaise (siehe S. 17)
Salz · Pfeffer aus der Mühle
8 kleine Cocktailtomaten

1 Den Backofen auf 100 °C vorheizen. Einen Bratrost auf die mittlere Schiene und ein Abtropfblech darunter schieben.

2 Die Hähnchenbrustfilets waschen und trockentupfen. In einer Pfanne 2 EL Öl erhitzen und das Hähnchenfleisch darin bei mittlerer Hitze auf beiden Seiten anbraten. Auf den Bratrost im vorgeheizten Backofen legen und etwa 20 Minuten fertig garen.

3 Inzwischen die Salatblätter waschen und trockentupfen. Die Tomaten waschen und den Stielansatz entfernen, die Tomaten in dünne Scheiben schneiden. Das restliche Öl in der Pfanne erhitzen und den Speck darin kross braten. Die Toastbrotscheiben rösten und dick mit der Mayonnaise bestreichen.

4 Die Hähnchenbrustfilets in dünne Scheiben schneiden. 4 Brotscheiben mit je 1 Salatblatt sowie mit den Tomatenscheiben belegen. Mit Salz und Pfeffer würzen. 4 weitere Brotscheiben so darauf setzen, dass die bestrichene Seite nach oben zeigt. Wiederum mit Salat belegen, das Hähnchenfleisch darauf verteilen und mit Salz und Pfeffer würzen. Dann die Speckscheiben darauf legen. Die restlichen Toastbrotscheiben mit der bestrichenen Seite nach unten darauf setzen und leicht andrücken. Die Sandwiches diagonal halbieren.

5 Die Cocktailtomaten waschen und trockentupfen. Auf jede Sandwichhälfte mithilfe eines kleinen Holzspießes eine Cocktailtomate stecken.

Wozu ein Laster gut sein kann, das beweist die Geschichte von John Montagu (1718–1792), dessen Spielsucht wir die Erfindung des Sandwichs zu verdanken haben. Montagu, der vierte Earl of Sandwich, war ein besessener Kartenspieler, der in seinem Londoner Club die Nächte durchzockte und den es ärgerte, das Pokerspiel für Mahlzeiten unterbrechen zu müssen. Während einer seiner Pokerrunden – es soll im August des Jahres 1762 gewesen sein – orderte der Lord deshalb einen Imbiss, den er mit einer Hand essen könne, um mit der anderen weiterzuspielen. Als man ihm daraufhin zwei belegte und aufeinander gestapelte Brotscheiben servierte, sollen seine begeisterten Mitspieler ebenfalls nach »so einem Brot wie Sandwich« verlangt haben. Die Geburtsstunde des Sandwichs hatte geschlagen! Man tut Lord Sandwich jedoch Unrecht, würde man über ihn nur diese oft zitierte Spielgeschichte erzählen. Er war ein weitgereister und anerkannter Politiker, der insgesamt dreimal das Amt des Außenministers bekleidete und als Marineminister zu den mächtigsten Männern des Königreichs gehörte. Und so verwundert es nicht, dass Historiker mittlerweile auch eine »standesgemäßere« Version der Geschichte geliefert haben: Das Sandwich sei erfunden worden, weil der Lord seine Arbeit am Schreibtisch nicht unterbrechen wollte…

Backhendl

(Für 4 Personen)

2 Eier
Salz · Pfeffer aus der Mühle
frisch geriebene Muskatnuss
1 Msp. abgeriebene unbehandelte Zitronenschale
50 g doppelgriffiges Mehl
50 g Weißbrotbrösel
4 Hähnchenbrustfilets (à ca. 200 g; ohne Haut)
Öl zum Ausbacken
1 EL kalte Butter
Zitronensaft zum Beträufeln

1 Die Eier in einem tiefen Teller verquirlen. Mit Salz, Pfeffer, Muskatnuss und Zitronenschale würzen. Das Mehl und die Brösel ebenfalls in tiefe Teller geben.

2 Die Hähnchenbrustfilets waschen, trockentupfen und jeweils in drei Teile schneiden. Mit Salz und Pfeffer würzen. Zuerst im Mehl, dann in den verquirlten Eiern und zum Schluss in den Bröseln wenden, die Panade dabei nicht zu fest andrücken.

3 In einer tiefen Pfanne 2 cm hoch Öl erhitzen und die panierten Hähnchenstücke darin bei mittlerer Hitze auf beiden Seiten goldbraun ausbacken. Zum Schluss die Butter in das Öl geben, aufschäumen lassen und die Hähnchenstücke damit übergießen.

4 Die Hähnchenstücke herausnehmen, auf Küchenpapier abtropfen lassen, leicht salzen und mit Zitronensaft beträufeln.

Tipp:

Dazu schmeckt gemischter Blattsalat, Caesar's Salad (siehe S. 20) oder Kartoffel-Gurken-Salat: Dafür 1/2 Salatgurke schälen, in Scheiben hobeln und unter den Kartoffelsalat von Seite 52 mischen.
Sie können statt Hähnchenbrustfilets auch Hähnchenkeulen verwenden.

Wenn die Wiener um 1900 von der guten alten Zeit sprachen, benutzten sie gern den Ausdruck »Backhendlperiode«, womit sie das beschauliche Biedermeier meinten. Tatsächlich gibt es kaum etwas Gemütlicheres als einen knusprigen Backhendlschmaus, wenn die goldbraun panierten Hähnchenviertel frisch aus dem heißen Fett kommen, in dem sie schwimmend gebraten wurden. Ländliche Rezepte für »bachene Hühner« gab es in Österreich zwar vereinzelt schon vor 1700; das erste Rezept aber, das auch den Vorgang des Panierens komplett beschreibt, findet man in Conrad Haggers berühmtem »Neuem Salzburgischem Kochbuch von 1719«. Darin werden die »Hünlein aus abgeschlagenen Eyern gebachen«, und Semmelbrösel waren auf jeden Fall auch schon im Spiel. Dem Chronisten Christoph Friedrich Nicolai verdanken wir den Bericht, dass er um 1781 in Wien »geviertheilte« und in Schmalz oder geschmolzener Butter ausgebackene Hühner gegessen habe. Damit wäre das Backhendl eindeutig älter als das Wiener Schnitzel! Klassisch brät man die Hendl mit Haut und Knochen, allerdings nimmt man heute wegen der besseren Bekömmlichkeit Öl und/oder Butter statt Schweineschmalz. Nach wie vor sind die Backhendl das, was Adalbert Stifter schon in seinen »Bildern aus dem Alten Wien« in ihnen sah: »eine bekannte Wiener Lieblingsspeise«. Weltbekannt, möchte man hinzufügen – und nie ohne eine Zitronenspalte serviert.

Martinsgans

(Für 4 Personen)

1 Apfel · 3 Zwiebeln
Salz · Pfeffer aus der Mühle
1 TL getrockneter Majoran
1 Gans (ca. 4,5 kg; küchenfertig)
1,6 l Geflügelbrühe
1 Möhre
150 g Knollensellerie
2 TL Puderzucker
400 ml Rotwein
1 EL Tomatenmark
3 Petersilienstiele
je 2 Scheiben Knoblauch und Ingwer
je 1 Streifen unbehandelte Orangen- und Zitronenschale
2 EL kalte Butter

1 Den Apfel waschen, vierteln und entkernen. 1 Zwiebel schälen. Beides in grobe Würfel schneiden und mit Salz, Pfeffer und der Hälfte des Majorans würzen. Den Backofen auf 140 °C vorheizen. Von der Gans die Flügelknochen abschneiden, die Gans innen und außen waschen und trockentupfen. Die Gans mit der Zwiebel-Apfel-Mischung füllen und in einen Bräter setzen. 300 ml Brühe dazugießen und die Gans im vorgeheizten Backofen zugedeckt etwa 4 1/2 Stunden garen. Die Haut sollte noch hell und das Fleisch weich sein. Das dabei austretende Fett zwischendurch abschöpfen und aufheben.

2 Von der Gans Brust und Keulen auslösen, aus den Keulen den Oberschenkelknochen entfernen. Die Füllung herausnehmen. Gänsekarkassen und Flügelknochen mit einer Geflügelschere zerkleinern. Restliche Zwiebeln, Möhre und Sellerie schälen und in 1 cm große Würfel schneiden.

3 Den Puderzucker in einem Topf hell karamellisieren, mit der Hälfte des Weins ablöschen, das Tomatenmark unterrühren und sämig einkochen lassen. Den restlichen Wein hinzufügen, erneut einkochen lassen. Knochen, Gemüse und die Hälfte der Füllung dazugeben, den Bratensaft der Gans sowie 1,2 l Brühe dazugießen. Knapp unter dem Siedepunkt 1 Stunde ziehen lassen, durch ein Sieb gießen und auf die Hälfte einkochen lassen. Restlichen Majoran, Petersilie, Knoblauch, Ingwer und Zitrusschalen dazugeben, einige Minuten darin ziehen lassen. Petersilie, Knoblauch, Ingwer und Zitrusschalen wieder entfernen, etwas Gänsefett und die Butter unter die Sauce mixen und mit Salz würzen.

4 Inzwischen den Backofengrill einschalten. Die Gänsebrust und die -keulen mit der Hautseite nach oben auf ein Backblech legen, die restliche Brühe dazugießen und unter dem Backofengrill auf der unteren Schiene 15 bis 20 Minuten kross braten. Mit der Sauce servieren.

Es gehört zu den am hartnäckigsten verbreiteten Irrtümern, dass die Martinsgans, die bei uns alljährlich als Festtagsbraten auf den Tisch kommt, immer schon etwas mit dem heiligen Martin (316–397) zu tun hatte. Die Wahrheit ist: Der 11. November, der Todestag des Heiligen (der bekanntermaßen seinen Mantel für einen frierenden Bettler zerschnitt), lag geradezu ideal, um ihn mit bereits existierenden Bräuchen zu verbinden. So galt Martini immer schon als ein wichtiger Termin im Wirtschaftsjahr der Bauern: An diesem Tag wurden Pachtverträge geschlossen, Steuern abgeführt, das Gesinde bezahlt und das Vieh geschlachtet, das man aus Kostengründen nicht den ganzen Winter hindurch füttern konnte. Außerdem stand das heute in Vergessenheit geratene Adventsfasten vor der Tür – Grund genug, sich mit einem deftigen Gänsebraten noch einmal so richtig den Bauch voll zu schlagen. Erst in späterer Zeit kam dann die Legende auf, die das Federvieh auch direkt mit seinem Namenspatron in Verbindung brachte. Demnach versteckte sich der heilige Martin aus Bescheidenheit in einem Gänsestall, als ihn die Bewohner von Tours zum Bischof ernennen wollten. Die Gänse schlugen jedoch Alarm und verrieten sein Versteck. Ein barmherziger Mensch wie der heilige Martin hätte sie deshalb aber bestimmt nicht ins Bratrohr geschoben…

Thanksgiving-Truthahn

(Für 4 Personen)

Für die Füllung:
250 g Toastbrot
1/4 l Milch · 2 Eier
Salz · Pfeffer aus der Mühle
frisch geriebene Muskatnuss
250 g Kalbsbrät (oder Bratwurstbrät; beim Metzger fertig kaufen)
5 EL Sahne · 1 Apfel
1/2 Zwiebel · 1 EL Butter
1 EL gehackte Petersilie
1–2 TL gehackter Thymian
20 g Rosinen
100 g Maiskörner (aus der Dose)
1 TL abgeriebene unbehandelte Zitronenschale

Für den Truthahn:
1 junger Truthahn (ca. 3 kg; küchenfertig)
Salz · 150 ml Geflügelbrühe
80 g flüssige Butter

1 Für die Füllung das Toastbrot in etwa 1 cm große Würfel schneiden. Die Milch aufkochen und etwas abkühlen lassen. Die Eier unterrühren, mit Salz, Pfeffer und Muskatnuss würzen und die Toastbrotwürfel darin einweichen.

2 Das Brät mit der Sahne glatt rühren. Den Apfel schälen, vierteln und entkernen. Die Zwiebel schälen und ebenso wie die Apfelviertel in kleine Würfel schneiden. Die Butter in einer Pfanne zerlassen und die Zwiebelwürfel darin bei milder Hitze glasig dünsten. Mit Apfelwürfeln, Kräutern, Rosinen, Mais, Zitronenschale und Brät unter die Brotmasse mischen. Die Füllung mit Salz, Pfeffer und Muskatnuss abschmecken.

3 Für den Truthahn den Backofen auf 150 °C vorheizen. Den Truthahn innen und außen waschen und trockentupfen. Die Bauchhöhle salzen, mit der Toastbrot-Brät-Masse füllen und mit einem Holzspieß verschließen. Den Truthahn auf ein tiefes Backblech setzen und die Brühe dazugießen.

4 Den Truthahn im vorgeheizten Backofen auf der unteren Schiene 3 bis 3 1/2 Stunden kross braten, dabei zwischendurch gelegentlich mit der flüssigen Butter bestreichen. Den Truthahn tranchieren und mit der Füllung auf Tellern anrichten.

Tipp:

Als Beilage passt ein Kartoffelgratin oder ein Kartoffel-Kürbis-Gratin (siehe S. 109).

Alljährlich am vierten Donnerstag im November wird in den USA Thanksgiving, das Erntedankfest, gefeiert. Dann kommen gefüllte Truthähne auf den Tisch und die ganze Nation versammelt sich zum großen Schmausen. Dieser Brauch gehört sogar zu den Gründungsmythen der Vereinigten Staaten, denn er erinnert an die frühen Siedler, die Gott für ihr Überleben nach dem ersten harten Winter in der neuen Heimat dankten. Anno 1621 feierten die legendären Pilgerväter in der so genannten Plymouth Colony im heutigen Bundesstaat Massachusetts gemeinsam mit 90 Indianern das erste Thanksgiving nach dem Einholen der Ernte: ein dreitägiges Fest unter freiem Himmel, mit mehr als nur einem Truthahn am Spieß, sondern mit Gänsen, Enten und frischen Austern! Heute kaufen die Amerikaner jährlich über 320 Millionen Kilogramm Truthahn für ihr Erntedankfest ein, das Abraham Lincoln 1863 zum Nationalfeiertag erhob. Im Laufe der Zeit entwickelten sich die typischen Elemente des Thanksgiving-Menüs (gefüllter Truthahn, gekochter Schinken, Maiskolben, Cranberry-Sauce, Süßkartoffeln und Kürbiskuchen), wobei es so viele regionale und familiäre Varianten gibt, dass man sie nicht zählen kann. Und als die Apollo-Astronauten Buzz Aldrin und Neil Armstrong 1969 ihr erstes Essen in der Mondumlaufbahn verzehrten, war es – gebratener Truthahn aus der Alufolie!

Ente à l'orange

(Für 4 Personen)

1/2 Apfel · 2 1/2 Zwiebeln
Salz · Pfeffer aus der Mühle
getrockneter Majoran
1 Bauernente
(ca. 2,5 kg; küchenfertig)
1,3 l Geflügelbrühe
1 kleine Möhre
100 g Knollensellerie
3 TL Puderzucker
1/4 l Rotwein
1 EL Tomatenmark
1 EL Speisestärke
Zesten und Saft von
2 unbehandelten Orangen
etwas Zitronensaft
80 ml roter Portwein
1 Majoranzweig
2 Petersilienstiele
je 2 Scheiben Ingwer
und Knoblauch
2 Streifen unbehandelte
Orangenschale
2 EL kalte Butter
Fruchtfilets von 2 Orangen

1 Den Backofen auf 140 °C vorheizen. Den Apfel waschen und entkernen, 1/2 Zwiebel schälen. Beides in Würfel schneiden und mit Salz, Pfeffer und 1 Prise Majoran würzen. Von der Ente die Flügelknochen abschneiden, die Ente innen und außen waschen und trockentupfen. Die Ente mit der Zwiebel-Apfel-Mischung füllen, in einen Bräter setzen, 300 ml Brühe dazugießen und im vorgeheizten Backofen zugedeckt etwa 2 1/2 Stunden garen. Die Haut sollte noch hell und das Fleisch weich sein. Das dabei austretende Fett zwischendurch abschöpfen und aufheben.

2 Die Ente, wie auf Seite 96, Punkt 2 beschrieben, zerteilen. Restliche Zwiebeln, Möhre und Sellerie schälen und 1 cm groß würfeln. In einem Topf 2 TL Puderzucker hell karamellisieren, Wein und Tomatenmark, wie auf Seite 96, Punkt 3 beschrieben, dazugeben und einkochen lassen. Knochen, Gemüse und Füllung dazugeben, den Bratensaft der Ente sowie 900 ml Brühe dazugießen. 1 Stunde köcheln lassen, durch ein Sieb gießen und auf die Hälfte einkochen lassen. Die Speisestärke mit wenig kaltem Wasser glatt rühren, die Sauce damit binden und 2 Minuten köcheln lassen.

3 Die Orangenzesten in Wasser 2 Minuten köcheln lassen und in ein Sieb abgießen. Den restlichen Puderzucker in einer Pfanne hell karamellisieren, mit Orangen- und Zitronensaft ablöschen und auf ein Drittel einkochen lassen. Portwein und Orangenzesten hinzufügen, erneut auf ein Drittel einkochen lassen. Majoran, Petersilie, Ingwer, Knoblauch und Orangenschale zur Sauce geben. Die Sauce noch kurz ziehen lassen, Petersilie und Gewürze entfernen und etwas Entenfett sowie die Butter unter die Sauce mixen. Orangenreduktion und Fruchtfilets dazugeben und mit Salz abschmecken.

4 Den Backofengrill einschalten. Die Entenbrust und die -keulen mit der Hautseite nach oben auf ein Backblech legen, die restliche Brühe dazugießen und unter dem Backofengrill auf der unteren Schiene kross braten. Die Entenbrust und die -keulen mit der Orangensauce anrichten.

Über die Herkunft dieses Küchenklassikers streiten sich – wieder einmal – die Geister. Glaubt man den Franzosen, stammt das Gericht – natürlich! – aus Frankreich und wurde in Paris in jener kulinarisch besonders fruchtbaren Periode Anfang des 19. Jahrhunderts kreiert, als die ersten Restaurants nach der Revolution öffneten. Orangen galten damals noch als ein exotischer Luxusartikel und für die Köche war es eine Frage des Prestiges, ihren bürgerlichen Gästen etwas Ausgefallenes servieren zu können: So wurde die »Canard à l'orange« zum gastronomischen Aushängeschild. Demgegenüber beharren die Italiener darauf, dass das Urrezept – natürlich! - aus ihrer Heimat, genauer gesagt aus Siena, stammt. Von dort soll die Orangen-Ente in die Töpfe von Florenz geflogen sein, um dann im Gepäck von Katharina von Medici, der Ehefrau Heinrichs II., bereits 1533 als einfache »Paparo al(la) melarancio« an den französischen Hof zu gelangen. Von Frankreich aus eroberte sie jedenfalls mit allerlei Verfeinerungen als Canard à l'orange die europäischen Küchen. Im Falle der italienischen Küche ist es vermutlich eher eine Rückeroberung…

Poulet à la Marengo

(Für 4 Personen)

Für das Hähnchen:
4 Hähnchenbrustfilets (à ca. 200 g)
1–2 EL Öl · 80 ml Weißwein
1 EL Tomatenmark
300 ml Geflügelbrühe
(oder Kalbsfond)
1 Lorbeerblatt · 4 Tomaten
80 g möglichst kleine
Champignonköpfe
1/2 Knoblauchzehe
getrockneter Oregano
Salz · Pfeffer aus der Mühle
Zucker · 1 EL gehackte Petersilie

Zum Fertigstellen:
4 Scheiben Toastbrot · 4 EL Butter
Salz · 6 Garnelen (küchenfertig)
Pfeffer aus der Mühle
1 EL Olivenöl

1 Die Hähnchenbrustfilets waschen, trockentupfen und jeweils in drei Teile schneiden. Das Öl in einer Schmorpfanne erhitzen, das Fleisch darin bei milder Hitze rundum farblos anbraten und herausnehmen. Den Bratensaft mit Wein ablöschen, das Tomatenmark unterrühren und sämig einkochen lassen. Die Brühe oder den Fond dazugießen und das Fleisch mit dem Lorbeerblatt wieder dazugeben. Den Deckel so auflegen, dass noch ein Spalt frei bleibt, und das Fleisch 15 bis 20 Minuten schmoren.

2 Inzwischen von den Tomaten den Stielansatz entfernen, die Tomaten kreuzweise einritzen und etwa 20 Sekunden in kochendes Wasser tauchen. Kalt abschrecken, häuten, vierteln, entkernen und in kleine Würfel schneiden. Die Champignonköpfe putzen, nicht waschen, den Knoblauch schälen und in Würfel schneiden. Das Lorbeerblatt entfernen, Tomaten und Champignons zum Fleisch geben und mit Knoblauch, 1 Prise Oregano, Salz, Pfeffer und Zucker abschmecken. Die Petersilie untermischen.

3 Aus den Toastbrotscheiben 12 kleine Herzen ausstechen und in einer kleinen Pfanne in der Butter bei milder Hitze auf beiden Seiten goldbraun braten. Auf Küchenpapier abtropfen lassen und leicht salzen. Die Garnelen waschen, trockentupfen, im Olivenöl rundum kurz anbraten und mit Salz und Pfeffer würzen.

4 Das Hähnchen mit der Tomaten-Champignon-Sauce auf vorgewärmten Tellern anrichten, die Garnelen darauf verteilen und die Herz-Croûtons dazu servieren.

Einige Küchenlegenden lesen sich so schön, dass man nur ungern bei der Wahrheit bleiben möchte. So soll es Napoleon nach der siegreich beendeten Schlacht gegen die Österreicher bei Marengo (in der Nähe von Turin) im Juni 1800 nach etwas Deftigem gelüstet haben. Der große Feldherr war kein Feinschmecker – wenn er Heißhunger hatte, musste schnell etwas auf dem Tisch stehen. Sein Leibkoch Dunan war es also gewohnt zu improvisieren: Um Zeit zu sparen, schnitt er kurzerhand ein Hähnchen in vier handliche Stücke, sautierte diese unter Verwendung von Olivenöl, Gemüse, Weißwein und anderen Zutaten in der Pfanne und servierte das Gericht angesichts des gerade errungenen Sieges als »Poulet à la Marengo«. Diese Geschichte, die der französische Küchenmeister Joseph Favre in seinem »Dictionnaire universel de la cuisine« (um 1890) verbreitete, wird immer wieder gern zitiert, obwohl sie schon früh zahlreiche Kritiker fand. Zum einen soll Dunan erst 1805, also fünf Jahre nach der Schlacht von Marengo, in die Dienste Napoleons getreten sein. Zum anderen gilt es als so gut wie erwiesen, dass das »Hähnchen à la Marengo« irgendwann um 1810 in einem Pariser Restaurant erfunden wurde. Auf den Speisekarten der Seine-Metropole steht das Gericht jedenfalls nachweislich bereits 1815 ganz oben. In diesem Jahr ging Napoleon bekanntlich mit seinen Truppen in der Schlacht von Waterloo unter – der triumphale Siegeszug des »Poulet à la Marengo« hatte hingegen erst begonnen …

Gräfin Dubarry, die Mätresse Ludwigs XV., machte den Blumenkohl hoffähig.

Allerlei

Blumenkohl à la Dubarry

Quiche lorraine

(Für 4 Personen)

Für den Teig:
150 g weiche Butter
2 Eigelb · Zucker
Salz · 60 ml Milch
275 g Mehl
weiche Butter für die Form
Mehl für die Form und die Arbeitsfläche
getrocknete Hülsenfrüchte zum Blindbacken

Für den Belag:
120 g durchwachsener Speck (in Scheiben)
3–4 Zwiebeln · 1 EL Öl
150 g geriebener Emmentaler (oder Greyerzer)
3 Eier · 150 g Sahne · 180 ml Milch
Salz · Pfeffer aus der Mühle
frisch geriebene Muskatnuss

1 Für den Teig die Butter in einer Schüssel mit den Eigelben, je 1 Prise Zucker und Salz sowie der Milch gut mischen. Das Mehl nach und nach dazugeben und in der Küchenmaschine rasch zu einem glatten Mürbteig kneten. Den Teig mit den Händen zu einem Ziegel formen, in Frischhaltefolie wickeln und mindestens 2 Stunden kühl stellen.

2 Den Backofen auf 175 °C vorheizen. Eine Tarteform (28 cm Durchmesser) mit Butter einfetten und mit Mehl bestäuben. Den Teig auf der bemehlten Arbeitsfläche mit dem Nudelholz etwas größer als die Tarteform ausrollen. Boden und Rand der Form mit dem Teig auskleiden. Den Teig mit einer Gabel mehrmals einstechen, mit Backpapier bedecken und die Hülsenfrüchte darauf verteilen. Im vorgeheizten Backofen auf der mittleren Schiene etwa 20 Minuten blindbacken. Die Hülsenfrüchte und das Backpapier entfernen. Den Boden noch einmal 5 Minuten in den Backofen stellen.

3 Für den Belag den Speck in kleine Würfel schneiden. Die Zwiebeln schälen und ebenfalls in kleine Würfel schneiden. Das Öl in einer Pfanne erhitzen und den Speck darin bei milder Hitze anbraten. Die Zwiebeln hinzufügen und glasig dünsten. Lauwarm abkühlen lassen, mit dem Käse mischen und gleichmäßig auf dem vorgebackenen Teig verteilen.

4 Die Eier mit Sahne und Milch verquirlen. Mit Salz, Pfeffer und Muskatnuss würzen und über dem Belag verteilen. Die Backofentemperatur auf 185 °C erhöhen und die Quiche lorraine im vorgeheizten Backofen auf der unteren Schiene etwa 1 1/4 Stunden fertig backen.

Zum Ruhm der französischen Küche hat Lothringen zwar hauptsächlich mit Kuchen, Keksen, Konfekt und Konfitüre beigetragen – aber es gibt eine salzige Spezialität, die es mit dieser süßen Übermacht leicht aufnehmen kann: die Quiche lorraine. Die deftige Torte, die erstmals im 16. Jahrhundert in Nancy gebacken wurde, hat es zweifellos zum berühmtesten kulinarischen Aushängeschild der Region gebracht. Anfangs wurde die Quiche nur mit einfachem Brotteig zubereitet, den man aber im Laufe der Zeit durch feineren Mürbteig ersetzte. Auf den Teig kommt eine Masse (»migaine« genannt) aus Sahne, Eiern und kleinen Speckwürfeln, die im Französischen »chons« heißen. Dass der Speck bei diesem Gericht die geschmackliche Hauptrolle übernimmt, ist kein Zufall: Schon im Mittelalter wurde in Lothringens Salinen Salz abgebaut und natürlich verstand man sich darauf, Fleisch und Würste mit Salz zu konservieren. Manche Puristen beharren darauf, dass Käse in einer »echten« Quiche lorraine nichts zu suchen habe. Der hat sich nämlich erst in das Rezept eingeschlichen, als die pikante Torte allmählich auch die anderen Regionen Frankreichs eroberte.

In der Folie gegarter Spargel

(Für 4 Personen)

1 kg weißer Spargel
Salz · Zucker
4 EL Butter
4 Streifen unbehandelte Zitronenschale
Pfeffer aus der Mühle

1 Den Backofen auf 200 °C vorheizen. Den Spargel schälen und die holzigen Enden entfernen.

2 Die Spargelstangen in 4 Portionen auf je ein großes Stück Alufolie legen. Mit Salz und Zucker würzen und je 1 EL Butter und 1 Streifen Zitronenschale dazugeben. Die Päckchen verschließen und im vorgeheizten Backofen auf der mittleren Schiene je nach Dicke des Spargels etwa 40 Minuten garen.

3 Zum Servieren die Päckchen öffnen und den Spargel mit frisch gemahlenem Pfeffer bestreuen.

Tipp:

Dazu passt Kräutersauce, Sauce béarnaise (siehe S. 14), klare Butter oder Remoulade (siehe Tipp S. 17). Der Spargel kann auch mit gehackten, gekochten Eiern oder mit Butterbröseln bestreut werden.

Es kann nur kochen, dem es gelingt, Spargel ohne Zutat in wonnigster Vollendung aufzutischen! Davon war zumindest der als Feinschmecker bekannte römische Feldherr Lucullus (117–57 v. Chr.) überzeugt. Dass Lucullus ausgerechnet Spargel als Leitgemüse für die Kochzunft wählte, kam nicht von ungefähr. Während die alten Griechen den wilden Spargel noch als Heilmittel (nicht ganz zu Unrecht) und Aphrodisiakum (völlig zu Unrecht) schätzten, kultivierten die Römer ihn vornehmlich als Delikatesse. Auch Kaiser Augustus war ein Fan des Stangengemüses, das bei keinem Festgelage fehlen durfte. Von Plinius dem Älteren (23–79 n. Chr.) wissen wir, dass in der Gegend um Ravenna wahre Riesenspargel geerntet wurden, von denen »drei Stück auf ein Pfund« kamen. Nach dem Untergang des Römischen Reiches überlebte der Kulturspargel vor allem in den Klostergärten, bevor er im 16. Jahrhundert an den Höfen des europäischen Hochadels als Delikatesse wiederentdeckt wurde. Ihren Status als Luxusgemüse verloren die Stangen erst im 19. Jahrhundert, als man begann, sie in größerem Stil anzubauen. Seither haben Köche aller Nationen immer wieder neue begeisternde Rezepte entworfen, die von der Suppe über den Salat bis hin zu ausschweifenden Spargelgelagen mit den edelsten Saucen reichen. Neben einem herrlich frischen Pfund Spargel wirken allerdings selbst Kalbsfilets und feinste Lachstranchen wie einfache Beilagen. Und wahre Kenner lassen außer etwas Salz, Zucker, Butter, Zitronensaft oder -schale und vielleicht noch einem Hauch von Knoblauch sowieso nichts an ihn heran.

Leipziger Allerlei

(Für 4 Personen)

12 lebende Flusskrebse
$1/2$ TL ganzer Kümmel · Salz
60 g Butter
30 g getrocknete Spitzmorcheln
$1/2$ kleiner Kopf Blumenkohl
1 Kohlrabi
300 g weißer Spargel
300 g kleine Möhren
Zucker
300 g gepalte grüne Erbsen
100 ml Gemüsebrühe
Pfeffer aus der Mühle
frisch geriebene Muskatnuss

1 Den Backofen auf 120 °C vorheizen. Die Krebse mit dem Kümmel in kochendem Salzwasser 1 bis 2 Minuten garen. In ein Sieb abgießen und kalt abschrecken. Die Krebsschwänze und -scheren vom Körper trennen. Das Fleisch aus den Schwänzen lösen, am Rücken entlang einschneiden und den Darm entfernen. Die Scheren knacken und das Fleisch herauslösen. Das gesamte Krebsfleisch kühl stellen.

2 Die Krebskarkassen gründlich waschen und abtropfen lassen. Auf einem Backblech verteilen, im vorgeheizten Backofen 30 bis 40 Minuten rösten und zerbröseln.

3 In einer Pfanne 50 g Butter zerlassen, 2 EL der zerbröselten Krebskarkassen hinzufügen und bei milder Hitze 15 Minuten ziehen lassen. Die Krebsbutter durch ein Sieb gießen.

4 Morcheln in $1/2$ l Wasser aufkochen, 5 Minuten quellen und auf einem Sieb abtropfen lassen. Blumenkohl putzen, in Röschen teilen und waschen. Kohlrabi putzen, schälen und in 1 cm breite Stifte schneiden. Spargel schälen und die holzigen Enden entfernen. Spargel in 5 cm lange Stücke schneiden. Möhren putzen, schälen und in dünne Stifte schneiden.

5 In einem Topf reichlich Wasser erhitzen und mit Salz und Zucker kräftig würzen. Spargel, Möhren, Blumenkohl, Kohlrabi und Erbsen darin nacheinander bissfest blanchieren, mit der Schaumkelle herausheben, kalt abschrecken und abtropfen lassen.

6 Das Gemüse mit der restlichen Butter in einem großen Topf in der Brühe bei mittlerer Hitze erwärmen und mit Salz, Pfeffer sowie Muskatnuss würzen. Das Krebsfleisch in der Krebsbutter bei milder Hitze erwärmen und mit dem Leipziger Allerlei auf vorgewärmten Tellern anrichten.

Kaum einer würde wohl vermuten, dass das Leipziger Allerlei eigentlich aus dem Fernen Osten stammt. Aber tatsächlich waren es die Chinesen, die als Erste eine Vorliebe für gemischtes junges Gemüse und dessen knackige Zubereitung entwickelten. Die chinesischen Rezepte brachten im 18. Jahrhundert französische Missionare nach Sachsen, wo sie auf ihrem Weg zurück in die Heimat Station machten. Vor allem die Leipziger waren davon so begeistert, dass sie die exotischen Gemüse durch einheimische ersetzten und Morcheln und Flusskrebse, die es damals noch im Überfluss gab, hinzufügten. Schon seit dem 13. Jahrhundert waren im Elbtal Gemüsegärten angelegt worden – kein Wunder, dass die Rezepte für »Chinesisches Allerlei« in Sachsen auf fruchtbaren Boden fielen. Einen (zugegeben indirekten) Beitrag zu der Erfolgsstory leistete später der Leipziger Arzt Daniel Gottlob Moritz Schreber: Die nach ihm benannten Schrebergärten – die ersten wurden 1870 gegründet – ermöglichten es vielen Städtern, Gemüse für den Eigenbedarf anzubauen. Und genau das braucht man für das Frühsommergericht: junge Erbsen, Kohlrabi, Möhren, Spargel und Blumenkohl.

Blumenkohl à la Dubarry

(Für 4 Personen)

1 Kopf Blumenkohl · Salz
200 g gekochter Schinken (in Scheiben)
6 Eier · 100 g Mehl
100 g geriebener Emmentaler
60 g geriebener Parmesan
Pfeffer aus der Mühle
frisch geriebene Muskatnuss
1 Msp. abgeriebene unbehandelte Zitronenschale
etwas Zitronensaft
100 g doppelgriffiges Mehl
200 g Weißbrotbrösel
Öl zum Frittieren

1 Den Blumenkohl putzen, in Röschen teilen und waschen. In reichlich Salzwasser bissfest garen, in ein Sieb abgießen, kalt abschrecken und auf Küchenpapier abtropfen lassen.

2 Den Schinken in möglichst kleine Würfel schneiden. Die Eier verquirlen und mit Mehl, Schinken, Emmentaler und Parmesan verrühren. Mit Salz, Pfeffer, Muskatnuss, Zitronenschale und -saft würzen.

3 Das Öl in der Fritteuse oder in einem Topf auf 160 °C erhitzen. Das doppelgriffige Mehl und die Brösel in zwei tiefe Teller geben. Die Blumenkohlröschen erst im Mehl wenden, dann durch die Eier-Käse-Masse ziehen und zuletzt in den Böseln wenden. Im Öl goldbraun frittieren und auf Küchenpapier abtropfen lassen.

Tipp:

Die Temperatur des Öls sollte nicht höher als 160 °C sein, damit die Blumenkohlröschen außen schön knusprig und innen gar werden.
Dazu passt eine Schnittlauchsauce: Dafür 100 g Crème fraîche mit etwas Sahne glatt rühren und mit Salz, je 1 Prise Cayennepfeffer und Zucker sowie etwas Zitronensaft würzen. Zuletzt 1 EL Schnittlauchröllchen untermischen.

Es scheint typisch französisch zu sein, dass viele der königlichen Mätressen, die sich vor der Revolution am Hofe von Versailles vergnügten, erst dann einen Platz in den Geschichtsbüchern fanden, wenn sie außer für »l'amour« auch etwas für »la cuisine« geleistet hatten. Dies gilt auch für Gräfin Marie Jeanne du Barry (1743–1793), die als Geliebte Ludwigs XV. die Nachfolgerin der berühmten Marquise de Pompadour war. Sie galt als fröhliche und sinnliche Person, die schließlich aber doch auf dem Schafott der Jakobiner endete. Im Vergleich zur höfischen Prunksucht nahm sich ihre größte kulinarische Vorliebe eher bescheiden aus: Die Dubarry hatte eine Schwäche für Blumenkohl - was sollte daran raffiniert oder exklusiv sein? Doch der erste Eindruck trügt, denn damals war das aus dem Nahen Osten über Italien eingeführte Gemüse in Frankreich noch eine teure und gesuchte Rarität. Die Gräfin machte den Blumenkohl hoffähig und ebnete ihm damit den Weg auf die internationalen Speisekarten. Der Dubarry selbst wird die Erfindung einer Blumenkohlsuppe zugeschrieben – aber im Laufe der Zeit wurden viele Kreationen mit ihrem Namen geadelt. So auch die der Gräfin gewidmete klassische Garnitur aus kleinen mit Käsesauce gratinierten Blumenkohlkugeln, Schlosskartoffeln und gebundener Bratensauce, die man zu kurz gebratenem Fleisch serviert. So tragisch die Karriere der Dubarry bei Hofe endete, so nachhaltig hat sie ihre Spuren auf den Tellern der europäischen Kochkunst hinterlassen.

Pommes frites

(Für 4 Personen)

2 kg große mehlig kochende Kartoffeln
Öl zum Frittieren · Salz

1 Die Kartoffeln schälen, waschen und in 1 cm breite Stäbchen schneiden. Die Kartoffelstäbchen 1 Stunde in kaltes Wasser legen und auf einem Küchentuch abtropfen lassen.

2 Das Öl in der Fritteuse oder in einem großen Topf auf 130 °C erhitzen und die Kartoffelstäbchen darin portionsweise etwa 5 Minuten farblos vorbacken. Herausheben und auf Küchenpapier abtropfen lassen.

3 Kurz vor dem Servieren das Öl auf etwa 170 °C erhitzen und die vorgebackenen Pommes frites darin knusprig und goldgelb frittieren. Herausheben, auf Küchenpapier abtropfen lassen und nach Geschmack mit Salz würzen.

Tipp:

Durch das Einlegen in kaltes Wasser wird die Stärke aus den Kartoffeln gewaschen – so werden die Pommes frites besonders knusprig. Servieren Sie dazu selbst gemachten Tomatenketchup (siehe S. 10) oder selbst gemachte Mayonnaise (siehe S. 17).

Wer Pommes frites in höchster Vollendung genießen will, der muss nach Belgien fahren. In Brüssel gibt es mehr Frittenbuden als Telefonzellen, und längst haben die Franzosen ihrem »kleinen Nachbarn« das Urheberrecht an den frittierten Kartoffelstäbchen zugestanden. Dass die Pommes frites aus ihrem Land stammen, ist für die Belgier beinahe eine Frage der nationalen Ehre. Als Beweisstück verweisen sie gern auf einen Text, den der Historiker Joseph Gérard im Jahr 1781 verfasste: »Die Einwohner von Namur, Huy, Andenne und Dinant haben die Gewohnheit, in der Maas zu fischen und diesen Fang dann zu frittieren, um ihren Speisezettel zu erweitern (...). Wenn die Gewässer zugefroren sind und das Angeln nur schwer möglich ist, schneiden sie Kartoffeln in Fischform und frittieren sie dann. Diese Methode ist mehr als 100 Jahre alt.« Demnach kannten die Vorfahren der Belgier schon um 1680 frittierte Kartoffeln, also etwa 100 Jahre bevor Antoine Augustin Parmentier die Knolle in Frankreich überhaupt erst bekannt machte (siehe Seite 109)! Zwischen Ardennen und Nordsee serviert man Pommes frites heute nicht nur zu Steaks, Fisch und Muscheln – hier sind sie auch solo ein Hochgenuss, stets begleitet von Mayonnaise, Sauce béarnaise oder Sauce tatar. Amerikanische Soldaten brachten die Kunde von den goldbraunen Pommes nach dem Ersten Weltkrieg in die USA, wo – dem Erfinder der Kartoffelschälmaschine sei Dank! – wenig später ihr beispielloser Siegeszug um die Welt begann.

Gratin dauphinois

(Für 4 Personen)

800 g fest kochende Kartoffeln
1/2 Knoblauchzehe
350 g Sahne
2 TL gehackter Thymian
Salz · Pfeffer aus der Mühle
frisch geriebene Muskatnuss
Butter für die Form

1 Die Kartoffeln schälen, waschen und auf dem Gemüsehobel in etwa 2 mm dicke Scheiben schneiden. Den Knoblauch schälen und in kleine Würfel schneiden.

2 In einer großen Schüssel die Kartoffelscheiben mit Sahne, Knoblauch und Thymian mischen. Mit Salz, Pfeffer und Muskatnuss abschmecken.

3 Den Backofen auf 180 °C vorheizen. Eine große Auflaufform mit Butter einfetten und die Kartoffelmischung in der Form verteilen.

4 Das Gratin im vorgeheizten Backofen etwa 50 Minuten backen, bis die Kartoffeln gar sind und die Oberfläche leicht gebräunt ist.

Tipp:

Etwas deftiger wird das Gratin, wenn man zusätzlich 100 g geriebenen Bergkäse (z. B. Greyerzer) verwendet: Eine Hälfte des Käses unter die Kartoffelscheiben und die Sahne mischen, die andere Hälfte über das Gratin streuen.
Zur Kürbiszeit kann man die Kartoffeln zur Hälfte durch Kürbis ersetzen. Den Kürbis dafür ebenfalls auf dem Gemüsehobel in Scheiben schneiden.

Von den Bergbauern der Dauphiné, der Alpenlandschaft im Südosten Frankreichs, stammt das Urrezept zu diesem Auflauf, der auf der Karriereleiter den Sprung bis in die feinsten Pariser Restaurants schaffte – wobei freilich aus der sättigenden Mahlzeit für die ganze Familie eine weniger üppige Beilage der feinen Küche wurde. Milch- und Käsewirtschaft gab es in den Alpen schon lange. Damit das Kartoffelgratin entstehen konnte, musste jedoch erst Antoine Augustin Parmentier (1737–1813) auf den Plan treten. Während des Siebenjährigen Krieges hatte Parmentier in preußischer Gefangenschaft miterlebt, wie wirkungsvoll die unter Friedrich dem Großen forcierte Einführung der Kartoffel im Kampf gegen Hunger und Elend war. Deshalb war es sein oberstes Ziel, den Feldzug für die Kartoffel in Frankreich zu gewinnen. Einen Fürsprecher fand Parmentier in König Ludwig XVI., der ihm auch erlaubte, von ihm kreierte Kartoffelspeisen bei Hofe zu präsentieren. Das Kartoffelgratin geht zwar nicht auf sein Konto – trotzdem hat er einen nicht unwesentlichen Beitrag dazu geleistet! Mit Knoblauch gewürzte Sahne sowie die richtigen (sprich: fest kochenden) Kartoffeln sind bis heute die Basiszutaten. In der deftigen Variante des Gratin savoyard (aus den Savoyen) wird zusätzlich Bergkäse über den Auflauf gehobelt – die französische Antwort auf Allgäuer Käsespätzle und Schweizer Raclette sozusagen. Wichtig ist dabei vor allem die goldgelbe Kruste (gratinieren = mit einer Kruste überbacken): Beim Reinbeißen muss es ein bisschen krachen!

Böhmische Serviettenknödel

(Für 4 Personen)

5 Scheiben Toastbrot
80 g Butter
250 g Mehl
Salz · Zucker
frisch geriebene Muskatnuss
1/2 Würfel Hefe (21 g)
175 ml lauwarme Milch
1 Ei · 1 Eigelb
flüssige Butter zum Bestreichen
Mehl für die Arbeitsfläche

1 Das Toastbrot in kleine Würfel schneiden. Die Butter in einer Pfanne zerlassen und die Brotwürfel darin bei milder Hitze goldbraun braten. Herausnehmen und auf Küchenpapier abtropfen lassen.

2 Das Mehl in einer Schüssel mit 1/2 TL Salz sowie je 1 Prise Zucker und Muskatnuss mischen. Die Hefe in der Milch auflösen und mit dem Ei und dem Eigelb unter das Mehl rühren. Alles in der Küchenmaschine zu einem glatten Teig kneten. Die Brotwürfel untermischen und den Teig zugedeckt an einem warmen Ort 20 Minuten gehen lassen.

3 Reichlich Salzwasser in einem breiten, flachen Topf zum Kochen bringen. 3 Stoffservietten etwas befeuchten und mit Butter bestreichen. Den Teig auf der bemehlten Arbeitsfläche zu 3 Rollen (à 10 cm Länge) formen. Die Rollen auf die Servietten legen und die Servietten locker darüber zusammenklappen. Den Teig noch einmal 25 Minuten gehen lassen, dann nicht zu fest in die Servietten wickeln und die Serviettenenden mit Küchengarn locker zubinden, sodass der Teig beim Garen noch etwas aufgehen kann. Die Knödelrollen im leicht siedenden Salzwasser etwa 35 Minuten garen, dabei gelegentlich wenden.

4 Die Knödelrollen mit der Schaumkelle herausheben und gut abtropfen lassen. Aus den Servietten rollen und mit einem scharfen Messer in Scheiben schneiden. Dazu passen vor allem saucenreiche Fleischgerichte.

Seit mehr als 1000 Jahren ist der Knödel ein typisches Element der bäuerlichen Küche in Mitteleuropa. Wo viele hungrige Mäuler zu stopfen waren, war er stets zu Diensten: Rund, lecker und sättigend kam er aus der dampfenden Schüssel. Den höchsten Stellenwert genießt der Knödel – tschechisch »knedlík« – in der deftigen böhmischen Küche. Und niemand will heute mehr darüber streiten, ob es nicht doch arme Tiroler Wanderburschen waren, die einst ihre Vorliebe für gefüllte Knödel aus den Alpen mit nach Böhmen brachten. Sicher ist, dass es nirgendwo eine solche Vielfalt an Knödel-Spezialitäten gibt wie in Prag: Knödel aus Kartoffeln, aus Semmeln und Grieß, gefüllt mit Speck und Mohn, mit Aprikosen, Quark oder Zwetschgen. Seit dem Mittelalter exportierten die böhmischen Mehlspeisenköchinnen ihr fabelhaftes Können quer durch Europa; sie anzustellen galt in den bürgerlichen Haushalten von München bis Wien noch im 18. und 19. Jahrhundert als Prestigefrage. Anders als ihre nordeuropäischen Vettern, die Klöße, bestechen böhmische Knödel durch ihre Lockerheit. Ein Vorfall, wie er sich angeblich Anfang des 15. Jahrhunderts in Norderstedt zugetragen haben soll – dass Frauenregimenter ihre Knödel als Wurfgeschosse gegen den Feind einsetzten –, wäre mit ihnen undenkbar gewesen: Die luftigen Knödel wären vermutlich schon im Flug zerfallen. Als Höhepunkt der Knödelkunst gilt allerdings kein lockerer »Rundling«, sondern der (zugegeben recht kompakte) Serviettenknödel, für den die Knödelmasse als »Wurst« geformt und in einer Leinenserviette gegart wird. Früher kam das Prachtstück in ganzer Größe auf den Tisch und jeder schnitt sich seine Portion selbst ab – nicht mit dem Messer, sondern mit einem Bindfaden.

Risotto alla milanese

(Für 4 Personen)

1 kleines Döschen Safranfäden
3/4–1 l heiße Geflügelbrühe
1/2 Zwiebel
2 EL Butter
300 g Risottoreis (z. B. Arborio oder Vialone nano)
60 ml Weißwein
je 1 Scheibe Knoblauch und Ingwer
1 Streifen unbehandelte Zitronenschale
Salz · Cayennepfeffer
1 EL kalte Butter
50 g geriebener Parmesan

1 Die Safranfäden in 5 EL Brühe auflösen. Die Zwiebel schälen und in kleine Würfel schneiden. Die Butter in einem breiten Topf bei milder Hitze zerlassen und die Zwiebelwürfel darin glasig dünsten. Den Reis dazugeben und ebenfalls glasig dünsten.

2 Den Reis mit dem Wein ablöschen und vollständig einkochen lassen. Etwas Brühe dazugießen und unter Rühren einkochen lassen. Wieder etwas Brühe dazugießen und ebenfalls einkochen lassen. Unter ständigem Rühren immer wieder etwas Brühe dazugießen und bei milder Hitze einkochen lassen, bis die Reiskörner weich sind, aber noch Biss haben.

3 Nach 10 Minuten Garzeit den Knoblauch, den Ingwer und die Zitronenschale zum Risotto geben. Sobald der Reis gar ist, Knoblauch, Ingwer und Zitronenschale wieder entfernen. Den Safran samt Einweichflüssigkeit unterrühren und den Risotto mit Salz und Cayennepfeffer würzen. Die Butter und den Parmesan untermischen und den Risotto nach Belieben noch einmal abschmecken.

Tipp:

Der Risotto kann als Beilage, z. B. zu Ossobuco (siehe S. 82) serviert werden. Er schmeckt aber auch als Hauptgericht.

Italien ist unbestritten das führende Reisland Europas, für cremige Risotti gibt es hier unzählige Rezepte. Die Araber hatten den Reis nach Spanien gebracht, von wo aus er schließlich nach Italien gelangte. Im 15. Jahrhundert begannen Zisterziensermönche, den Reisanbau in der Po-Ebene zu kultivieren. Die von Epidemien und Hungerkatastrophen ausgezehrte Bevölkerung begegnete den kleinen Körnern jedoch zunächst mit Skepsis: Man befürchtete, die im Wasser stehende Reispflanze könne den Ausbruch der Pest fördern. Schließlich siegte jedoch der Hunger über die Angst. Seither ist die Po-Ebene das traditionelle Reisanbaugebiet Italiens. Wie und wann jedoch der erste (Mailänder) Risotto entstand, ist ungewiss. In einer 1475 erschienenen Rezeptsammlung von Martino da Como, dem Leibkoch des Patriarchen von Aquileia, wird bereits ein »Riso con brodo di carne« (Reis mit Fleischbrühe) beschrieben, der ein Vorläufer des berühmten Mailänder Risottos gewesen sein könnte. Der unabdingbare Safran war damals in Italien jedenfalls schon lange bekannt. Papst Coelestin IV. sagt man nach, dass er bereits Ende des 13. Jahrhunderts Safran in größeren Mengen verbraucht habe: Allerdings nicht in der Küche – er parfümierte sein Badewasser mit dem kostbaren Gewürz! Oft erzählt wird auch die Legende von einem Mailänder Glaserlehrling, der bei der Restaurierung der Domfenster die Farben mit Safran anrührte. Als die Tochter seines Meisters Ende des 16. Jahrhunderts heiratete, streute er den Safran auch über den Reis auf der Festtafel und kreierte damit angeblich den ersten »Risotto milanese allo zafferano« (zafferano = Safran).

Paella

(Für 4 Personen)

200 g Garnelen (küchenfertig; mit Schale)
1 kleine Zwiebel
1 Lorbeerblatt · 3 Gewürznelken
200 g Muscheln (z. B. Mies- oder Venusmuscheln)
Salz · 6 EL Olivenöl
1 l Geflügelbrühe
1 kleines Döschen Safranfäden
1 TL Paprikapulver (edelsüß)
Cayennepfeffer
1 rote Paprikaschote · 2 EL Öl
2 Hähnchenkeulen (à ca. 200 g; mit Haut)
Pfeffer aus der Mühle
400 g Rundkornreis
250 g gemischte Fischfilets (z. B. Dorade, Kabeljau, Lachs, Zander; ohne Haut und Gräten)
80 g grüne Erbsen (gepalt und blanchiert)
1 EL fein gehackte Petersilie

1 Das Schwanzfleisch der Garnelen aus der Schale lösen, am Rücken entlang einschneiden und den Darm entfernen. Das Garnelenfleisch und die Schalen getrennt gründlich waschen und abtropfen lassen. Die Zwiebel schälen, mit dem Lorbeerblatt belegen und dieses mit den Nelken feststecken. Die Muscheln unter fließendem kaltem Wasser gründlich säubern, geöffnete Muscheln aussortieren. In einem Topf etwas Salzwasser erhitzen, die Muscheln hineingeben und zugedeckt dämpfen, bis sie sich öffnen. Herausnehmen und geschlossene Muscheln entfernen.

2 In einem Topf 2 EL Olivenöl erhitzen und die Garnelenschalen darin anbraten. Die Brühe dazugießen, die gespickte Zwiebel hinzufügen, einmal aufkochen und 15 Minuten ziehen lassen. Die Brühe durch ein Sieb gießen, mit Safran, Paprika, Cayennepfeffer und falls nötig Salz würzen.

3 Den Backofengrill vorheizen. Die Paprika längs halbieren, entkernen, waschen und mit der Hautseite nach oben auf ein Backblech legen. Mit dem Öl bestreichen und unter dem Backofengrill garen, bis die Haut dunkle Blasen wirft. Abkühlen lassen, häuten und in Streifen schneiden.

4 Die Hähnchenkeulen waschen, trockentupfen und die Knochen entfernen. Das Fleisch in 4 bis 5 Stücke teilen, salzen und pfeffern. In einer großen Pfanne 2 EL Olivenöl erhitzen, die Hähnchenteile darin bei mittlerer Hitze rundum anbraten und herausnehmen. Den Reis in der Pfanne glasig dünsten. Den heißen Sud dazugießen, die Hähnchenstücke darauf verteilen und zugedeckt 25 bis 30 Minuten mehr ziehen als köcheln lassen.

5 Die Fischfilets waschen, trockentupfen und in 2 cm große Würfel schneiden. Garnelen und Fischwürfel mit Salz und Pfeffer würzen und im restlichen Olivenöl nacheinander kurz anbraten. Mit Paprika, Erbsen und Muscheln unter den Reis mischen und die Paella noch 5 Minuten ziehen lassen. Mit Petersilie bestreut servieren.

Ihr Nationalgericht haben die Spanier streng genommen den Arabern zu verdanken, die im 8. Jahrhundert nicht nur den Safran einführten, sondern rund um Valencia auch die ersten Reisfelder anlegten. Dass neben den Zutaten für eine original Paella aber auch ein besonderes Küchengerät nötig ist, darauf weist schon ihr Name hin: Der leitet sich nämlich vom lateinischen »patella« (Tablett, auf dem man den Göttern Ofergaben darbot) bzw. dem kastilischen »paila« (Pfanne) ab. Erfinder der Paella waren im 18. Jahrhundert Landarbeiter, die auf den Feldern rund um Valencia mittags in einer flachen Pfanne über offenem Feuer Reis mit wenig Wasser und Olivenöl kochten. Um das Ganze etwas schmackhafter zu machen, wanderten mit der Zeit immer mehr Zutaten mit in die Pfanne. Später kamen dann an Festtagen sogar Hühnchen- oder Kaninchenfleisch, Fisch und Meeresfrüchte dazu. Mittlerweile hat das einstige Armeleuteessen längst Zugang in die internationale Küche gefunden. Als Abendessen schätzen die Valencianos die Paella übrigens nicht: Wie früher ist sie ein Mittagsgericht – oder (noch besser) ein geselliges Festessen im Freien.

Klassische Lasagne

(Für 4 Personen)

1 Möhre · 1 1/2 Zwiebeln
1 Stange Staudensellerie
3 EL Olivenöl
200 g Rinderhackfleisch
150 g Schweinehackfleisch
50 ml Weißwein · 3 EL Tomatenmark
500 g Tomatenstücke (aus der Dose)
200 ml Geflügelbrühe
1/2 TL getrockneter Oregano
2 geschälte, halbierte Knoblauchzehen
1 Streifen unbehandelte Zitronenschale
Salz · Pfeffer aus der Mühle
Cayennepfeffer · Zucker
1 Lorbeerblatt · 2 Gewürznelken
60 g Butter · 60 g Mehl
je 400 ml Gemüsebrühe und Milch
1 Thymianzweig · 1 Knoblauchzehe
frisch geriebene Muskatnuss
Butter für die Form
9 Lasagneplatten · 100 g Sahne
120 g geriebener Emmentaler

1 Die Möhre und 1 Zwiebel schälen, den Sellerie putzen und waschen. Alles in möglichst kleine Würfel schneiden. Die Gemüsewürfel im Olivenöl bei milder Hitze andünsten. Beide Hackfleischsorten dazugeben und krümelig braten. Mit Wein ablöschen, das Tomatenmark unterrühren und die Sauce 10 Minuten einkochen lassen.

2 Tomaten und Geflügelbrühe dazugeben und die Sauce unter häufigem Rühren etwa 1 Stunde mehr ziehen als köcheln lassen. Dann den Oregano untermischen, Knoblauch und Zitronenschale dazugeben und 5 Minuten darin ziehen lassen. Knoblauch und Zitronenschale wieder entfernen und die Bolognesesauce mit Salz, Pfeffer, Cayennepfeffer und Zucker würzen.

3 Die restliche Zwiebel schälen, mit dem Lorbeerblatt belegen und dieses mit den Nelken feststecken. Die Butter in einem Topf zerlassen und das Mehl darin bei milder Hitze einige Minuten anschwitzen. Die kalte Gemüsebrühe und die Milch unter Rühren nach und nach dazugießen. Die gespickte Zwiebel, den Thymian und den ungeschälten Knoblauch hinzufügen und die Sauce 10 bis 15 Minuten kaum merklich köcheln lassen. Zwiebel, Thymian und Knoblauch wieder entfernen und die Béchamelsauce mit Salz, Cayennepfeffer und Muskatnuss würzen.

4 Den Backofen auf 175 °C vorheizen. Eine Auflaufform mit Butter einfetten und ein Viertel der Béchamelsauce darin gleichmäßig verteilen. Mit 3 Lasagneplatten bedecken, mit einem Drittel der restlichen Béchamelsauce bestreichen und die Hälfte der Bolognesesauce darauf verteilen. Eine weitere Lage Lasagneplatten, Béchamel- und Bolognesesauce darauf verteilen und mit den restlichen Lasagneplatten abschließen. Die restliche Béchamelsauce mit der Sahne und dem Käse verrühren und die Lasagneplatten damit bestreichen. Die Lasagne im vorgeheizten Backofen auf der mittleren Schiene etwa 50 Minuten garen.

In einfacher Form waren Nudeln im Mittelmeerraum bereits in der Antike verbreitet. Schon den Etruskern, den Vorgängern der Römer, schmeckten sie so gut, dass sie auch nach dem Tod nicht auf sie verzichten wollten: In einer Grabkammer aus dem 4. Jahrhundert vor Christus sind auf einem Relief alle Gerätschaften abgebildet, die man zur Herstellung von Nudelteig benötigt! Die heute so beliebte »Pasta secca«, Nudeln aus Hartweizengrieß und Wasser, ist jünger: Die Araber brachten sie Ende des 9. Jahrhunderts nach Sizilien. Die trockenen Nudelplatten entwickelten sich schnell zu einem Grundnahrungsmittel, das sich auch die Ärmsten leisten konnten. Die feinere Variante der Pasta aus Weizenmehl und Eiern war dagegen den Wohlhabenden und Adligen vorbehalten. Den Vorläufer der heutigen Lasagne, eine mit Nudeln gefüllte Pastete, soll denn auch 1501 der Koch Zafferino für die Hochzeit von Lucrezia Borgia mit Alfonso I., dem Herzog von Este, kreiert haben. Heute gilt die Lasagne (übersetzt: Breitnudel) als das kulinarische Wahrzeichen von Bologna, in Italien auch »La dotta e ghiotta« (die Gelehrte und Gefräßige) genannt. Hier haben die Nudelplatten mit der berühmten Bolognesesauce einen Partner gefunden, der dem Beinamen der Stadt alle Ehre macht.

Pizza Margherita

(Für 1 Backblech)

Für den Teig:
10 g Hefe (1/4 Würfel)
250 g Mehl · Salz
2 EL Olivenöl
Öl für die Form
Mehl für die Arbeitsfläche

Für den Belag:
1/2 Zwiebel
70 ml Olivenöl
300 g geschälte Tomaten (aus der Dose)
1 Knoblauchzehe
1 Basilikumstiel
getrockneter Oregano
Salz · Cayennepfeffer
375 g Mozzarella
10 Cocktailtomaten
einige Basilikumblätter

1 Die Hefe in 1/8 l lauwarmem Wasser auflösen und in einer Schüssel mit Mehl, 1 gestrichenen TL Salz und Olivenöl zu einem glatten Teig kneten. Mit Frischhaltefolie zugedeckt an einem warmen Ort 30 Minuten gehen lassen.

2 Für den Belag die Zwiebel schälen und in kleine Würfel schneiden. In einem Topf 1 EL Olivenöl erhitzen und die Zwiebelwürfel darin bei milder Hitze glasig dünsten. Die Tomaten pürieren, zu den Zwiebelwürfeln geben und bei milder Hitze etwa 20 Minuten köcheln lassen.

3 Den Knoblauch schälen, in Scheiben schneiden und mit Basilikum und 1 Prise Oregano zur Sauce geben. Die Sauce weitere 10 Minuten köcheln lassen. Den Basilikumstiel wieder entfernen, 3 EL Olivenöl hinzufügen, die Sauce pürieren und mit Salz und Cayennepfeffer würzen.

4 Den Backofen auf 250 °C vorheizen. Ein tiefes Backblech mit Öl einfetten. Den Teig auf der bemehlten Arbeitsfläche zu einem Rechteck ausrollen, das etwas größer als das Backblech ist, und die Form damit auslegen. Den Teig mit etwas Olivenöl bestreichen und die Tomatensauce darauf verteilen. Den Mozzarella abtropfen lassen und die Cocktailtomaten waschen. Beides in Scheiben schneiden und die Pizza damit belegen.

5 Die Pizza im vorgeheizten Backofen auf der unteren Schiene 15 bis 20 Minuten backen, bis der Teig gebräunt ist. Mit dem restlichen Olivenöl beträufeln und mit Basilikum garnieren.

Tipp:

Die Pizza kann man nach dem Backen noch mit Rucola, Parmaschinken oder gehobeltem Parmesan belegen und mit Olivenöl beträufeln.

Die Pizza Margherita zählt zu den wenigen Gerichten, von denen man genau weiß, wer sie wann und wo kreiert hat. Sie wurde am 6. Juni 1889 erstmals im Palast von Capodimonte bei Neapel serviert – und zwar niemand Geringerem als Margherita von Savoyen (1851–1926), der ersten Königin des jungen Staates Italien. Um der Königin zu schmeicheln, belegte der patriotisch gesinnte Pizzaiolo Pappino Brandi den Hefeteigfladen mit den Farben der italienischen Trikolore: Rot (Tomaten), Weiß (Mozzarella) und Grün (Basilikum). Margherita war nicht nur angetan, sondern schlichtweg begeistert und schenkte Brandi eine Urkunde, die in seinem Haus einen Ehrenplatz erhielt. Die Pizza, vorher ein Armeleuteessen, hatte damit den Adelsschlag erhalten und konnte als königlicher Klassiker den Siegeszug rund um die Welt antreten. Aber obwohl die Italiener sich die Erfolgsgeschichte der Pizza auf ihre Fahne schreiben können – wer erstmals auf die Idee kam, einen Teigfladen zu belegen, darüber wird wohl nie Einigkeit herrschen. Das behaupten die Armenier ebenso von sich wie die Franzosen und die Mallorquiner…

Kaiser Franz Joseph liebte den Schmarren, den Sisi verschmähte.

Süßes & Gebäck

Kaiserschmarren

Bayerische Creme

(Für 4 Personen)

2 Blatt Gelatine
3 Eigelb
50 g Puderzucker
Mark von 2 Vanilleschoten
300 g Sahne
1 EL Kirschwasser

1 Die Gelatine in kaltem Wasser einweichen. Die Eigelbe mit dem Puderzucker und dem Vanillemark in einer Schüssel zu einer hellen, dickschaumigen Masse schlagen. Die Sahne cremig schlagen.

2 Das Kirschwasser in einem kleinen Topf erwärmen und vom Herd nehmen. Die Gelatine gut ausdrücken, im Kirschwasser auflösen und unter die Eigelbmasse rühren. Ein Drittel der Sahne mit dem Schneebesen unterrühren, die restliche Sahne mit einem Teigschaber unterheben.

3 Die Creme in Portionsförmchen füllen und im Kühlschrank 1 bis 2 Stunden fest werden lassen.

4 Zum Anrichten die Förmchen kurz in heißes Wasser tauchen und die Bayerische Creme auf Dessertteller stürzen.

Tipp:

Sie können die Creme noch mit Beeren verfeinern: Dafür 100 g frische oder tiefgekühlte Beeren (z. B. Erd- oder Himbeeren) pürieren und unter die Creme mischen. Dann sollten Sie allerdings 3 Blatt Gelatine verwenden.

Wenn man den zahlreichen Quellen Glauben schenkt, hat die Bayerische Creme viele Väter und Mütter. Weil das Dessert auf den Speisekarten in aller Welt als »Crème bavaroise« auftaucht, vermuten die einen französische Köche am Hofe der Prinzen von Wittelsbach als deren Erfinder. Andere meinen, die sahnige Creme verdanke ihren Namen der Naschsucht bayerischer Prinzen am Hof von Versailles im 18. Jahrhundert. Im Freistaat selbst wird dagegen eine Version bevorzugt, nach der das Rezept bereits viel älteren Ursprungs ist. Demnach sei Isabeau de Bavière, eine Tochter des Bayernherzogs Stephan, die Namenspatronin der luftig-süßen Speise. Die schöne Isabeau heiratete 1385 Karl VI. von Frankreich (1380–1422) und machte sich vor allem durch ihre detaillierten und lebendigen Briefe über die Zustände am französischen Hof einen Namen. Sie könnte das Rezept für die Bayerische Creme aus ihrer Heimat nach Paris gebracht haben. Aber wer auch immer sie kreiert hat: Bis heute ist sie die klassische Dessertcreme geblieben – und keinem Koch ist aus den gleichen Zutaten je etwas Köstlicheres gelungen. Sie ist und bleibt die Crème de la crème!

Tiramisu mit Amaretti

(Für 4 Personen)

2 Eier
60 g Puderzucker
250 g Mascarpone
100 g Sahne
200 ml Kaffee
4 EL Amaretto (ital. Mandellikör)
3 EL Kaffeelikör
150 g Löffelbiskuits
50 g Amaretti (ital. Mandelkekse)
Kakaopulver zum Bestäuben

1 Die Eier trennen. Die Eigelbe mit der Hälfte des Puderzuckers über dem heißen Wasserbad hellschaumig schlagen. Die Temperatur sollte dabei 80 °C nicht übersteigen. Die Eigelbmasse vom Wasserbad nehmen und den Mascarpone unterrühren.

2 Die Sahne cremig schlagen. Die Eiweiße mit dem restlichen Puderzucker zu einem cremigen, festen Schnee schlagen und unter die Sahne heben. Die Eischneemischung unter die Mascarponemasse heben.

3 Den Kaffee mit Amaretto und Kaffeelikör mischen. Die Hälfte der Löffelbiskuits kurz in die Kaffeemischung tauchen und dicht nebeneinander in eine quadratische Auflaufform (etwa 18 x 18 cm) schichten. Ein Drittel der Mascarponecreme darauf verteilen. Die Amaretti ebenfalls in die Kaffeemischung tauchen und auf die Creme schichten. Mit der Hälfte der restlichen Mascarponecreme bedecken. Die restlichen Löffelbiskuits ebenfalls tränken, darauf verteilen und die restliche Mascarponecreme darauf verstreichen.

4 Das Tiramisu im Kühlschrank mehrere Stunden durchziehen lassen. Mit Kakaopulver bestäuben, in Portionsstücke teilen und auf Desserttellern anrichten.

Was soll man von einem Gericht erwarten, das wörtlich aus dem Italienischen übersetzt »Zieh mich hoch!« heißt? Dass es einen wieder auf die Beine bringt? Man mag seine Zweifel haben, ob dies der süßen Kalorienbombe nach einem üppigen Mahl wirklich gelingt – zumindest wird sie mit starkem Espresso als »Muntermacher« zubereitet. Um die Entstehung des Kult-Desserts herrscht in Italien seit langem ein erbitterter Konkurrenzkampf. Gleich mehrere Regionen wollen sich die Erfindung auf ihre Fahne schreiben – und berufen sich dabei meist auf die Zutatenliste: Im Piemont verweist man auf die dort heimischen Löffelbiskuits, die »savoiardi«, ohne die kein Tiramisu möglich ist. Dagegen führen die Lombarden den Mascarpone an, der schließlich aus ihrer Region stamme. Venezianer und Toskaner wollen bei dieser Diskussion auch nicht tatenlos zusehen – und in der Hauptstadt geht man sowieso ganz selbstverständlich davon aus, dass das Tiramisu typisch römisch ist. Unabhängig davon gibt es aber auch eine konkrete historische Spur, die zu den Ursprüngen der Süßspeise führen könnte. So spricht vieles dafür, dass sie im 17. Jahrhundert in Siena anlässlich eines Besuchs von Cosimo III. de Medici kreiert wurde, der ab 1670 als Großherzog der Toskana regierte. Zu Ehren des hohen Gastes tauften die Sienesen ihre Süßspeise »Zuppa del duca« (Suppe des Herzogs). Unter seinem jetzigen Namen tauchte das Tiramisu vermutlich erst in den 1960er-Jahren in Treviso (Venetien) auf.

Crème brûlée mit Kaffee

(Für 4–6 Personen)

1 Vanilleschote
300 ml Milch
250 g Sahne
50 g Kaffeebohnen
6 Eigelb
50 g Zucker
brauner Zucker zum Karamellisieren

1 Die Vanilleschote der Länge nach aufschneiden und das Mark mit einem spitzen Messer herauskratzen. Vanilleschote und -mark mit der Milch und der Sahne in einem Topf aufkochen. Die Kaffeebohnen in eine Schüssel geben, mit der Milch-Sahne-Mischung übergießen und zugedeckt 20 Minuten ziehen lassen.

2 Die Eigelbe mit dem Zucker verrühren, aber nicht schaumig schlagen. Langsam die Milch-Sahne-Mischung dazugießen und untermischen. Die Masse durch ein feines Sieb gießen und in ofenfeste flache Förmchen, Schalen oder tiefe Teller verteilen.

3 Den Backofen auf 120 °C vorheizen. Die Förmchen in ein tiefes Backblech stellen und so viel Wasser dazugießen, dass die Förmchen zur Hälfte im Wasser stehen. Die Creme im vorgeheizten Backofen 40 bis 45 Minuten stocken lassen. Herausnehmen und bei Zimmertemperatur 3 bis 4 Stunden abkühlen lassen.

4 Den Backofengrill einschalten. Kurz vor dem Servieren die Creme gleichmäßig mit reichlich braunem Zucker bestreuen. Unter dem Backofengrill auf der oberen Schiene gratinieren, bis die Oberfläche gebräunt und der Zucker karamellisiert ist. Sofort servieren.

Tipp:

Statt im Backofen kann der Zucker auch mit einem Gasbrenner (aus dem Baumarkt) karamellisiert werden. Das geht schneller und die Crème brûlée bekommt eine gleichmäßige Karamellschicht.

Keiner kann mit Sicherheit sagen, ob die »gebrannte Creme«, wie die Crème brûlée übersetzt heißt, gezielt erfunden wurde oder doch eher das Ergebnis eines zufälligen Missgeschicks war. Engländer sollen es gewesen sein, die im 17. Jahrhundert als Erste herausfanden, dass eine mit Zucker bestreute, gestockte Sahne-Eier-Creme bei Oberhitze karamellisiert. Die Hitze bringt nämlich den Zucker zum Schmelzen und die einzelnen Kristalle verbinden sich zu einer homogenen Masse, die bei Normaltemperatur hart wird. Vieles spricht für die englische Herkunft der Crème brûlée, denn damals war auf der Insel bereits eine als »custard« bezeichnete Eiercreme sehr beliebt, die man mit Sirup, Wein oder Früchten anreicherte. Und wer weiß, vielleicht hat tatsächlich einmal jemand versehentlich einen heißen Eisentopf vom Herd auf ein Schälchen mit Eiercreme gestellt, die mit Zucker bestreut war… Einwände haben vor allem die Spanier, die behaupten, dass ihre Crema catalana die eigentliche Mutter der Crème brûlée sei. In einem sind sich jedoch alle einig: Dass die Creme mit dem gebräunten Zuckerdeckel unwiderstehlich gut schmeckt.

Dunkle Schokoladenmousse

(Für 4 Personen)

350 g Sahne
90 g Zartbitterschokolade
45 g Milchschokolade · 1 Ei
je 1 EL Rum und Cognac

1 Die Sahne in einer Schüssel cremig schlagen und kühl stellen. Die beiden Schokoladensorten grob zerkleinern und in einer Metallschüssel über dem etwa 45 °C heißen Wasserbad schmelzen.

2 Das Ei in einem Schlagkessel über dem heißen Wasserbad hellschaumig schlagen. Zuerst die flüssige Schokolade untermischen, dann Rum und Cognac dazugeben.

3 Die Masse unter Rühren auf 35 °C abkühlen und die Sahne unterheben. Zum Servieren die Mousse in Dessertschälchen oder -gläser füllen.

Tipp:

Die Mousse kann mit verschiedenen Gewürzen, wie z. B. Zimt, Lebkuchengewürz, Kardamom, Muskatnuss oder auch Cayennepfeffer, aromatisiert werden. Dazu das jeweilige – am besten frisch gemahlene – Gewürz mit dem Ei schaumig schlagen.
Für das Gelingen der Schokomousse (und zahlreicher anderer Süßspeisen) spielt die Temperatur eine wichtige Rolle. Daher lohnt sich die Anschaffung eines Küchenthermometers.

Ist sie ein Lebensmittel oder eine süße Droge? Kein Stoff außer Kaffee und Alkohol fasziniert die Menschen seit Jahrhunderten derart nachhaltig wie die Schokolade. Dabei löste der Kakao, den die spanischen Eroberer im 16. Jahrhundert in Mexiko kennen lernten, zunächst keine allzu große Begeisterung aus. Ein spanischer Chronist notierte verächtlich, dass die bei den Azteken getrunkene Schokolade eher »eine Säutränke als eines Menschen Getränk« sei. Kein Wunder: Das kühle Erfrischungsgetränk, das die Azteken gern bei offiziellen Anlässen zu sich nahmen, war eine grausige Melange aus gemahlenen Kakaobohnen, scharfem Chili, Honig und Maismehl. Was also tun mit dem Heidencocktail, der für europäische Gaumen viel zu bitter war? Süßen lautete die christlich-klösterliche Antwort. Jetzt schmeckte sie – und kam sogar so gut an, dass sich Bischöfe über wahre Schokoladen-Orgien in ihren Kirchen beschwerten. Also bat man 1569 Papst Pius V. zu entscheiden, ob Schokolade nun heidnisch sei und damit auf den Index gehöre oder nicht. Der Papst probierte und entschied, wer so etwas trinke, sei selber schuld – das lenke nicht vom Glauben ab, nicht einmal in Fastenzeiten: »Schokolade bricht das Fasten nicht!« Wahrscheinlich hatte man ihm eine ungesüßte Variante vorgesetzt. Die gesüßte Schokolade hingegen machte fortan eine beispiellose Karriere: Nachdem sie zunächst nur ein exklusives Genussmittel des Adels war, konnte sie sich später sogar gegen den Kaffee behaupten, den Muntermacher des wirtschaftlich aufstrebenden Bürgertums. In Tafelform hat die Schokolade schließlich ab dem 19. Jahrhundert hauptsächlich von der Schweiz aus nahezu die ganze Welt erobert. Und aus den unzähligen Köstlichkeiten, die man in der Küche mit ihr zaubern kann, ist eine cremige Mousse nicht mehr wegzudenken.

Zabaione mit Weißwein

(Für 4 Personen)

100 ml trockener Weißwein
2 Eigelb · 20 g Zucker
etwas Zitronensaft

1 Wein, Eigelbe, Zucker und Zitronensaft in einer Metallschüssel verrühren. In einem Topf etwas Wasser aufkochen.

2 Die Metallschüssel über das heiße Wasserbad hängen – die Schüssel soll das Wasser nicht berühren – und die Masse mit dem Schneebesen zu einem feinporigen, festen Schaum schlagen. Dabei sollte das Wasser nur leicht sieden.

Tipp:

Die warme Zabaione schmeckt solo, aber auch zu marinierten Früchten oder Kleingebäck, wie z. B. Cantuccini oder Madeleines (siehe S. 139).
Wer die Zabaione kalt servieren möchte, sollte im heißen Weinschaum 1 Blatt eingeweichte Gelatine auflösen und die Creme in Eiswasser kalt schlagen. So bleibt die Zabaione luftig und stabil.
Auf dieselbe Weise kann man auch eine Marsala-Zabaione zubereiten: Dafür 100 ml Marsala, 5 Eigelb, 1 Ei und 40 g Zucker verwenden.

Die Zabaione zählt zu den berühmtesten italienischen »dolci« – kein Wunder, dass man lange Zeit glaubte, diese geniale Erfindung könne nur auf das Konto eines großen Kochs gehen. Folglich schrieb man die Weinschaumcreme Bartolomeo Scappi (1500–1570), dem »Michelangelo der italienischen Küche«, zu. Scappi war der unbestrittene Starkoch der Renaissance, der sich endgültig von den schweren Gerichten des Mittelalters verabschiedete und seiner Heimatküche zu dem Ruf verhalf, die beste in Europa zu sein. Diese Theorie ist allerdings heftig umstritten – und der Grund dafür ist der Name der Zabaione. Der verweist nämlich auf einen Heiligen, der zu Lebzeiten Scappis noch gar kein Heiliger war, sondern ein sehr lebendiger Franziskanermönch. Gemeint ist San Pasquale Bayon (1540–1594), der als Paschalis Babylón im Kloster Montforte bei Alicante lebte und erst 1690 als Schutzpatron der Hirten und Köche heilig gesprochen wurde. Da war Scappi bereits 120 Jahre tot! Selbst wenn er also die Zabaione oder einen Vorläufer erfunden hätte, auf den Namen des Heiligen hätte er sie unmöglich taufen können. Aus »San Pasquale Bayon« wurde jedenfalls im piemontesischen Volksmund »Sanbajun« – und dann war es nur noch ein kleiner Schritt zur italienischen »Zabaione«.

Pfirsich Melba im Strudelteig

(Für 4 Personen)

Für die Pfirsiche:
2 reife Pfirsiche
flüssige Butter zum Bestreichen
10 Himbeeren · 1/2 Vanillestange
2 EL Honig · 1/2 Zimtrinde
1 Zitronenthymianzweig

Für den Strudelteig:
2 tiefgekühlte Strudelteigblätter
flüssige Butter zum Bestreichen und für die Form
Puderzucker zum Bestäuben

Außerdem:
200 g Himbeeren
50 g Puderzucker
1 EL Zitronensaft
400 ml Vanilleeis
100 g Himbeeren zum Garnieren

1 Für die Pfirsiche den Backofen auf 200 °C vorheizen. Die Pfirsiche waschen, halbieren und entsteinen. Ein etwa 50 x 50 cm großes Blatt Alufolie mit der Butter bestreichen, die Pfirsichhälften darauf legen, Himbeeren, Vanillestange, Honig, Zimtrinde und Zitronenthymian darüber verteilen. Die Alufolie über den Pfirsichen zusammenfalten und gut verschließen. Die Pfirsiche im vorgeheizten Backofen etwa 15 Minuten weich garen, dann häuten und die Früchte mit dem Schmorsaft begießen.

2 Inzwischen die Strudelteigblätter auftauen lassen und in insgesamt vier 15 x 15 cm große Quadrate schneiden. Mit der Butter bestreichen und mit Puderzucker leicht bestäuben. Die Teigblätter in kleine gefettete Souffléformen drücken und im vorgeheizten Backofen 5 bis 10 Minuten backen, bis der Teig die Form hält. Den Strudelteig aus den Formen lösen und hellbraun backen – bäckt man den Teig in der Form fertig, bräunt er ungleichmäßig. Inzwischen die Himbeeren verlesen, mit Puderzucker und Zitronensaft fein pürieren und das Püree durch ein Sieb streichen.

3 Zum Anrichten die Teigschalen auf Dessertteller setzen. Das Vanilleeis auf die Teigschalen verteilen, die Pfirsichhälften darauf setzen und mit etwas Himbeersauce beträufeln. Die Himbeeren zum Garnieren verlesen, mit der restlichen Sauce marinieren und um das Dessert herum anrichten.

Tipp:

Außerhalb der Saison kann man die Sauce auch mit tiefgekühlten Himbeeren zubereiten, die man vor dem Pürieren auftauen lässt.

Wenn der größte Koch seiner Zeit der damals berühmtesten Sängerin der Welt ein Gericht widmet, hat diese Kreation natürlich beste Chancen, ein internationaler Klassiker zu werden. So geschehen im Fall von Auguste Escoffier (1846–1935), der als »König der Köche« schon zu Lebzeiten als Legende galt, und der australischen Sopranistin Nellie Melba (eigentlich Helen Porter Armstrong, 1861–1931), der eine ganze Generation von Opernfans zu Füßen lag. Escoffier war Küchenchef im mondänen Londoner Savoy-Hotel, in dem »La Melba« während ihrer Auftritte im nahe gelegenen Covent Garden standesgemäß logierte. Nachdem Escoffier die Primadonna 1892 bei einem ihrer viel bejubelten Auftritte in Wagners »Lohengrin« erlebt hatte, kam ihm die Idee, ihr ein ganz besonderes Dessert zu widmen. Der Meisterkoch in seinen Memoiren: »Im Gedenken an den mythischen Schwan aus dem ersten Akt kreierte ich einen Nachtisch aus Pfirsichen auf Vanilleeis, bedeckt mit einem Schleier aus gesponnenem Zucker, serviert in einem Silberbecher, der zwischen den Flügeln eines aus Eis gehackten Schwans stand.« Die Stimme der »australischen Nachtigall« ging für die Nachwelt verloren – ohne Escoffiers Dessert wäre Nellie Melbas Name wohl längst in Vergessenheit geraten.

Cassata alla siciliana

(Für 4 Personen)

Für die Eiweißmasse:
100 g Zucker
3 Eiweiß
240 g kandierte Früchte
2 EL Orangenlikör
(z. B. Grand Marnier)
100 g Pistazienkerne
300 g Sahne

Für das Nougatparfait:
200 g Zucker
12 Eigelb
300 g Nussnougat
750 g Sahne
4 EL Amaretto (ital. Mandellikör)

1 Eine kleine runde Metallschüssel (1 l Inhalt) und eine große runde Metallschüssel (3 l Inhalt) 1 Stunde in das Tiefkühlfach stellen. Für die Eiweißmasse den Zucker mit 50 ml Wasser in einem Topf aufkochen und so lange kochen lassen, bis ein klarer Sirup entsteht. Die Eiweiße steif schlagen und den Zuckersirup unter Rühren nach und nach dazugeben. Die Masse mit den Quirlen des Handrührgeräts kalt rühren.

2 Die kandierten Früchte mit etwas Orangenlikör in 1/2 cm große Würfel schneiden. Die Pistazien in einer Pfanne ohne Fett rösten, bis sie zu duften beginnen, und abkühlen lassen. Die Sahne cremig schlagen und unter die Eiweißmasse mischen. Kandierte Früchte, Pistazien und restlichen Orangenlikör ebenfalls dazugeben. Die Masse in die kleinere Schüssel füllen und mindestens 3 Stunden in das Tiefkühlfach stellen.

3 Für das Nougatparfait den Zucker mit 80 ml Wasser sirupartig einkochen lassen. Die Eigelbe schaumig schlagen, den Zuckersirup nach und nach dazugeben und so lange rühren, bis die Masse kalt ist. 200 g Nougat über dem heißen Wasserbad schmelzen und unter die Eigelbmasse rühren. Die Sahne steif schlagen. Den restlichen Nougat in kleine Würfel schneiden und mit der Sahne und dem Amaretto unter die Eigelbmasse mischen.

4 Zwei Drittel der Parfaitmasse in die größere Schüssel füllen. Die Schüssel mit der Eiweißmasse kurz in heißes Wasser tauchen und die Masse stürzen. Mit der Rundung nach unten auf die Parfaitmasse setzen, die restliche Parfaitmasse darauf geben und glatt streichen. Die Cassata mindestens 5 Stunden in das Tiefkühlfach stellen. Zum Servieren die Schüssel kurz in heißes Wasser tauchen und die Cassata auf eine vorgekühlte Platte stürzen. Nach Belieben mit Sahne garnieren.

Das, was wir als Cassata bezeichnen, würde in ihrer Heimat Sizilien niemand als solche erkennen. Denn dort ist sie keine Eisbombe, sondern eine üppige Festtagstorte, die man zu Ostern oder feierlichen Anlässen wie Hochzeiten oder Taufen serviert: Zwischen zwei oder mehrere Biskuitböden kommt eine cremige Mischung aus gesüßtem Ricotta, Schokoladensplittern, kandierten Früchten und Pistazien. Je nach Familientradition oder Konditorenlust wird die Torte dann mit einem Marzipanmantel oder mit Zuckerguss überzogen und mit kandierten Früchten garniert. Streng genommen haben wir die Cassata gar nicht den Sizilianern, sondern den Arabern (genauer gesagt den Sarazenen) zu verdanken. Darauf weist auch ihr Name hin, der sich vom arabischen »qas'at« ableitet – womit die tiefe, runde Schüssel gemeint ist, in der man die Creme anrührt. Die Sarazenen herrschten 250 Jahre in Sizilien. Als sie 1061 von den Normannen vertrieben wurden, hinterließen sie ein süßes kulinarisches Erbe, das vor allem in den Klöstern weitergepflegt wurde. Mancherorts waren die Nonnen mit solch übertriebenem Eifer bei der Sache, dass ihnen im 16. Jahrhundert die Süßwarenherstellung offiziell verboten wurde. Ein Verbot, das viele Gott sei Dank ignorierten, sodass uns Köstlichkeiten wie die Cassata erhalten blieben. Erst in den Sechzigerjahren, als italienisches Eis nördlich der Alpen in Mode kam, wurde aus der Cassata-Torte die uns bekannte Eisspezialität.

Fürst-Pückler-Eistorte

(Für 4 Personen)

1,1 kg Schlagsahne
175 g Puderzucker
9 Eigelb · 1 Ei
120 g Zucker
100 g Zartbitterschokolade
2 EL Rum
1 dünner Biskuitboden (Fertigprodukt)
Mark von 1 Vanilleschote
100 g Erdbeeren
1 EL Orangenlikör (z. B. Grand Marnier)
etwas Zitronensaft
Schokoladenspäne zum Bestreuen

1 Für die Parfaitmasse 800 g Sahne mit 125 g Puderzucker cremig schlagen. Die Eigelbe, das Ei und den Zucker in einer Metallschüssel verrühren und über dem heißen Wasserbad hellschaumig schlagen. Die Schaummasse kalt rühren und die Sahne unterheben.

2 Die Schokolade grob zerkleinern und über dem etwa 35 °C heißen Wasserbad schmelzen. Von der Parfaitmasse 450 g abwiegen und ein Drittel der Menge rasch mit der flüssigen Schokolade verrühren. Dann die restliche Masse unterheben und den Rum dazugeben. Den Boden einer Springform mit Backpapier auslegen, den Biskuitboden darauf legen und die Masse einfüllen. Glatt streichen und im Tiefkühlfach etwa 1 Stunde fest werden lassen. Die restliche Parfaitmasse im Kühlschrank aufbewahren.

3 Das Vanillemark zuerst mit etwa 50 g Parfaitmasse verrühren, dann weitere 400 g Parfaitmasse unterheben. Die Vanillemasse auf das tiefgekühlte Schokoladenparfait geben, glatt streichen und wiederum im Tiefkühlfach etwa 1 Stunde fest werden lassen.

4 Für die letzte Schicht die Erdbeeren waschen, putzen und mit 2 EL Puderzucker, dem Orangenlikör und dem Zitronensaft mit dem Stabmixer pürieren. Das Püree durch ein Sieb streichen, mit der restlichen Parfaitmasse verrühren und auf das Vanilleparfait geben. Glatt streichen und nochmals im Tiefkühlfach etwa 1 Stunde fest werden lassen.

5 Das Eis vor dem Servieren etwa 15 Minuten in den Kühlschrank stellen. Inzwischen die restliche Sahne mit dem restlichen Puderzucker steif schlagen. Die Torte aus dem Ring schneiden, rundum mit der Sahne bestreichen und mit Schokospänen bestreuen.

Hermann Ludwig Heinrich Fürst von Pückler-Muskau (1785–1871) war ein tollkühner sächsischer Bonvivant, der sich stets in Geldnöten befand. Sein ganzes Vermögen steckte er in die Realisierung von Landschaftsgärten nach englischem Vorbild, zuerst in Muskau in der Oberlausitz, dann in Branitz bei Cottbus. Dort sind er und seine Frau, Lucie Gräfin von Pappenheim, auch unter einer 20 Meter hohen Pyramide begraben. Doch was hat dieser Gartenarchitekt und Verfasser faszinierender Reiseberichte mit der uns bekannten Eisbombe aus Schichten von Erdbeer-, Schokoladen- und Vanilleeis zu tun? Die einen behaupten, Pückler habe das Rezept von seinen Reisen aus Arabien mitgebracht, die anderen, er habe es selbst erfunden. Und dann ist da noch der Lausitzer Konditormeister Schulz, der dem adligen Feinschmecker die eiskalte Leckerei gewidmet haben soll. Wie dem auch sei, Pückler nutzte das Rezept jedenfalls für einen leidenschaftlichen Liebesbrief, den er an die Wirtstochter Caroline schrieb: »Nehmen Sie für / Gute Laune: Schokolade / Körperliches Wohlgefallen: Zucker / Neugier: Himbeergelee / Reisestimmung: Makronen / Lebenslust: Eis / Treue: Weiße Gelatine / Seelische Zuneigung: Vanillezucker / Und Sie haben das Rezept für mein erst vor wenigen Tagen komponiertes Eis.«

Rote Grütze

(Für 4 Personen)

125 g Zucker · 4 EL Orangensaft
1–2 EL Zitronensaft
2 EL Speisestärke
150 ml Rotwein
35 ml Cassis (Likör aus Schwarzen Johannisbeeren)
150 ml roter Portwein
1 Zimtrinde · 1 Sternanis
Mark von 1 Vanilleschote
je 2 Streifen unbehandelte Orangen- und Zitronenschale
2 EL Orangenlikör (z. B. Grand Marnier)
je 125 g Erdbeeren, Rote Johannisbeeren, Schwarze Johannisbeeren und Himbeeren
60 g Heidelbeeren
125 g Kirschen

1 Den Zucker mit 6 EL Wasser in einem kleinen Topf hell karamellisieren. Mit Orangen- und Zitronensaft ablöschen. Die Speisestärke mit wenig Wein glatt rühren. Den Backofen auf 200 °C vorheizen.

2 Den restlichen Wein mit Cassis, Portwein und den Gewürzen in den Topf geben und einmal aufkochen lassen. Die Speisestärke nach und nach unterrühren. Die Sauce unter Rühren bei milder Hitze etwa 2 Minuten köcheln lassen, dann den Orangenlikör hinzufügen.

3 Die Beeren verlesen und gegebenenfalls waschen. Die Kirschen waschen, entsteinen und mit den Beeren in einer Auflaufform verteilen. Die noch warme Weinsauce über die Früchte gießen.

4 Die Rote Grütze im vorgeheizten Backofen etwa 10 Minuten ziehen lassen. Herausnehmen, Zimt, Sternanis und Zitrusschalen entfernen.

Tipp:

Dazu schmeckt eine selbst gemachte Vanillesauce: Dafür 2 Vanilleschoten längs aufschneiden und das Mark herauskratzen. Vanilleschoten und -mark mit 200 ml Milch, 200 g Sahne und 2 EL Zucker aufkochen. 3 Eigelb, 2 Eier und 2 EL Zucker in einer Metallschüssel hellschaumig schlagen und mit der Eiermilch über dem heißen Wasserbad auf 80 °C erhitzen, bis die Sauce bindet. Durch ein Sieb gießen und noch warm zur Roten Grütze servieren.

Ein alter norddeutscher Kinderreim kennt den »lütten Hein«, der die ganze Welt um sich vergisst, wenn er »Rode Grütt« isst. Zweifellos ist die Rote Grütze eine sehr norddeutsche Spezialität, aber ob sie hier auch ihren Ursprung hat, darüber kann man nur spekulieren. Die einen sehen die Dänen als ihre Erfinder, andere die Friesen. Tatsächlich waren Hafer- und andere Getreidegrützen in Friesland von jeher weit verbreitet, als preiswertes Gericht stellten sie die Grundlage der bäuerlichen Ernährung dar. In nahezu jeder Friesenhütte blubberte über dem Feuer ein mit Getreideschrot und Flüssigkeit gefüllter Grütztopf, den man heute sogar noch im friesischen Wappen wiederfindet. Der Legende nach erinnert er an die Tapferkeit der friesischen Frauen, die sich bei einer der zahlreichen Schlachten gegen die Dänen mit ihren Grütztöpfen bewaffnet ins Getümmel stürzten, nachdem ihre Männer den Rückzug angetreten hatten. Aus Scham nahmen die Männer den Kampf wieder auf und schließlich wendete sich das Kriegsglück zu ihren Gunsten. In der Küche begann man irgendwann, die Gersten- oder Hafergrütze zunächst mit dem Saft von roten Beeren zu verfeinern, bis schließlich der Getreideschrot gänzlich weichen musste zugunsten des Beerenpotpourris, wie wir es heute – weit über die Grenzen Norddeutschlands hinaus – kennen und lieben.

Arme Ritter

(Für 4 Personen)

$1/2$ Hefezopf (vom Vortag; oder 3 Rosinenbrötchen)
100 g Pflaumenmus
150 g Zucker
$1/2$ TL gemahlener Zimt
3 Eier · 150 ml Milch
Mark von $1/2$ Vanilleschote
Butterschmalz zum Ausbacken

1 Den Hefezopf oder die Rosinenbrötchen in etwa $1/2$ cm dicke Scheiben schneiden. Die Hälfte der Scheiben mit Pflaumenmus bestreichen. Die restlichen Scheiben darauf legen und etwas andrücken.

2 Den Zucker und den Zimt in einem tiefen Teller mischen. Die Eier mit Milch und Vanillemark in einem weiteren tiefen Teller verquirlen.

3 Das Butterschmalz in einer Pfanne zerlassen. Die gefüllten Brotscheiben kurz in der Vanillemilch wenden und im Butterschmalz bei milder Hitze auf beiden Seiten goldgelb ausbacken. Auf Küchenpapier abtropfen lassen und noch heiß im Zimtzucker wälzen.

Tipp:

Dazu passen karamellisierte Apfelspalten: Dafür 2 Äpfel schälen, vierteln, entkernen und in Spalten schneiden. In einer Pfanne 1 TL Puderzucker bei mittlerer Hitze karamellisieren, die Äpfel dazugeben, 1 bis 2 Minuten darin anbraten und aus der Pfanne nehmen. Den Karamell mit $1/8$ l Apfelsaft und 4 EL Rum ablöschen und auf die Hälfte einkochen lassen. 2 EL Butter darin zerlassen und die Apfelspalten wieder dazugeben.

Was heute als beliebter Kindernachtisch gilt, war während des Dreißigjährigen Krieges (1618–1648) ein »magerarmes Notessen«: eine »Semmelschnitte«, über die man Eier schlug und die dann »in Elendsfett« gebacken wurde. Da man die Speise aus alten, harten Brotresten bereitete, konnte sie sich auch der verarmte Adel, »arme Ritter« eben, leisten. Im Laufe der Zeit ist man nicht nur in Adelskreisen wieder zu Wohlstand gekommen – auch die Zubereitung der »Armen Ritter« fiel luxuriöser aus. Heute sind Butter, Zimt und Zucker mit im Spiel, werden Ahornsirup, Weinschaum, Vanillesauce oder auch Obstkompott dazu serviert. In den USA nennt man die in Eiermilch getränkten und ausgebackenen Weißbrotscheiben »French toast« – was die Franzosen überhaupt nicht verstehen. Denn das, was wir als Arme Ritter bezeichnen, heißt in Frankreich »Pain perdu«, also »verlorenes Brot«, weil man es normalerweise mit Brotresten, die sonst verloren gehen würden, zubereitet. Und wie könnte es in Frankreich anders sein? Bevor das Brot mit Aprikosenmarmelade gefüllt und dann gebraten wird, weicht man es nicht in Milch, sondern in Vin rouge ein.

Crêpes Suzette

(Für 4 Personen)

3 Eier · 1/4 l Milch
100 g Mehl · Salz
1/2 TL abgeriebene unbehandelte Orangenschale
50 g flüssige Butter
Öl (oder Butter) zum Backen
4 Saftorangen
3 Orangen
1 TL Puderzucker
1 Msp. Vanillemark
2 EL Zucker
4 EL kalte Butter
2 EL Orangenlikör (z. B. Grand Marnier)
2–4 EL Cognac (mind. 40 Vol.-% Alkohol)

1 Die Eier, die Milch, das Mehl, 1 Prise Salz, die Orangenschale und die flüssige Butter zu einem glatten Teig verrühren, durch ein Sieb gießen und 30 Minuten ruhen lassen.

2 Den Backofen auf 80 °C vorheizen. Etwas Öl oder Butter in einer beschichteten Pfanne (20 cm Durchmesser) erhitzen und aus dem Teig nacheinander 8 dünne Crêpes backen. Fertig gebackene Crêpes zu Vierteln zusammenklappen und im vorgeheizten Backofen warm halten.

3 Die Saftorangen auspressen. Die restlichen 3 Orangen so gründlich schälen, dass auch die weiße Haut mit entfernt wird. Die Filets aus den Trennhäuten schneiden, dabei den austretenden Saft auffangen und zum restlichen Orangensaft geben.

4 Den Puderzucker in einer tiefen Pfanne karamellisieren. Mit dem Orangensaft ablöschen, Vanillemark und Zucker dazugeben und den Saft bei milder Hitze auf zwei Drittel einkochen lassen. Die Butter in Flöckchen unterrühren, die Orangenfilets und den Orangenlikör dazugeben und erwärmen.

5 Die Crêpes nebeneinander auf die Sauce legen, den Cognac darüber träufeln, erwärmen und mit einem langen Streichholz anzünden. Nachdem der Alkohol verbrannt ist, die Crêpes mit der Orangensauce auf vorgewärmten Tellern anrichten.

Von allen Variationen, die der hauchdünne Pfannkuchen je erfahren hat, ist Crêpes Suzette die berühmteste – zumal sie auch mit einer bezaubernden Geschichte verbunden ist. In deren Mittelpunkt steht der spätere englische König Edward VII. (1901–1910), damals noch Prince of Wales, der als glühender Frankreich-Verehrer die Winter an der Côte d'Azur verbrachte. Bei einem dieser Aufenthalte soll er Suzette, eine hübsche junge Näherin, der er den Hof machte, zum Essen eingeladen haben. Zum Dessert gab es (natürlich!) Crêpes, die – wie damals üblich – am Tisch zubereitet wurden. Doch dann passierte das Malheur: Der neben dem Rechaud stehende Orangenlikör entzündete sich versehentlich, die Flasche zersprang und etwas von der köstlichen, brennenden Flüssigkeit spritzte auf die Crêpes. Geistesgegenwärtig faltete der Koch die Pfannkuchen und servierte sie als neue Kreation. Der Prinz war davon so begeistert, dass er sie spontan auf den Namen seiner charmanten Begleiterin taufte. Crêpes Suzette entflammen seither nicht nur adlige Genießer – nicht umsonst werden die Pfannkuchen zu »quarts de plaisir«, Vierteln der Freude, zusammengeklappt.

Kaiserschmarren

(Für 4 Personen)

30 g Rosinen
2 EL Rum
120 g Mehl
1/4 l Milch
4 Eigelb
Mark von 1 Vanilleschote
1/2 TL abgeriebene unbehandelte Zitronenschale
50 g braune Butter (siehe S. 14)
4 Eiweiß
60 g Zucker · Salz
50 g Butter
2 EL Mandelblättchen
Puderzucker zum Bestäuben

1 Die Rosinen mit dem Rum mischen. Den Backofengrill einschalten.

2 Das Mehl mit Milch, Eigelben, Vanillemark, Zitronenschale und brauner Butter zu einem glatten Teig verrühren.

3 Die Eiweiße mit 2 EL Zucker und 1 Prise Salz zu einem cremigen, festen Schnee schlagen und mit den Rumrosinen unter den Teig heben.

4 In zwei kleinen Pfannen bei milder Hitze jeweils 1 TL Butter aufschäumen lassen, den Teig 1 cm hoch hineingießen und etwa 2 Minuten auf der Unterseite bräunen. Dann unter dem Backofengrill auf der unteren Schiene 3 Minuten garen, bis die Oberseite hellbraun ist.

5 Die Pfannkuchen in mundgerechte Stücke zerteilen, die restliche Butter mit dem restlichen Zucker auf die zwei Pfannen verteilen und den Schmarren darin bei milder Hitze hell karamellisieren.

6 Die Mandelblättchen in einer Pfanne ohne Fett goldgelb rösten. Den Kaiserschmarren mit den Mandelblättchen bestreuen und mit Puderzucker bestäuben.

Tipp:

Dazu passt ein geröstetes Apfelkompott: Dafür 5 Äpfel schälen, vierteln, entkernen und grob zerkleinern. In einer Auflaufform mit 80 bis 100 g Zucker, Saft von 1/2 Zitrone, Mark von 1/2 Vanilleschote, 1 Stück Zimtrinde, 2 Sternanis und 2 EL Butter mischen und im 200 °C heißen Backofen unter gelegentlichem Rühren etwa 20 Minuten weich dünsten. Die Gewürze wieder entfernen und das Apfelkompott zum Kaiserschmarren servieren.

Wie die berühmteste Wiener Mehlspeise zu ihrem Namen kam, dazu hat man aus der Gerüchteküche so manche Anekdote serviert. So soll die allzeit streng auf ihre Linie achtende junge Kaiserin Elisabeth (in der korrekten Kurzform: »Sisi«) im Jahr 1854 eine von ihrem Hofpatissier für sie kreierte süße Mehlspeise aus zerrissenem Pfannkuchenteig, Zucker und Rosinen als zu schwer abgelehnt haben. Worauf ihr Gemahl, Kaiser Franz Joseph I. (1848–1916), den verschmähten Teller mit den Worten zu sich herangezogen haben soll: »Na, geb er mir halt den Schmarren her, den unser Leopold da wieder z'sammkocht hat.« Weil es ihm so gut schmeckte, hatte er nichts dagegen, dass dieses heute so beliebte Dessert zum »Kaiserschmarren« ernannt wurde. Eine andere häufig zitierte Anekdote lässt selbigen Kaiser zu einer Almhütte wandern, wo ihm der Senn (in Österreich »Kaser« genannt) einen selbst gemachten Kaserschmarren nach Art der Hütte anbot. Der Kaiser war auch in diesem Fall so begeistert, dass er die Aufwertung des Desserts durch das I als dritten Buchstaben im Namen gern erlaubte. Tatsache ist, dass der kaiserliche Schmarren auf den Jagdgesellschaften Ihro Majestät sehr beliebt war, auch wenn er bei Sisi keine Gnade fand.

Salzburger Nockerln

(Für 4 Personen)

Butter für die Form
3 EL Preiselbeermarmelade
1 EL Rum
6 Eiweiß · Salz
4 EL Zucker · 4 Eigelb
3 EL Mehl

1 Den Backofen auf 200 °C vorheizen. Eine mittelgroße Auflaufform mit Butter einfetten. Die Preiselbeermarmelade mit dem Rum verrühren und in der Auflaufform verteilen.

2 Die Eiweiße mit 1 Prise Salz und dem Zucker in einer Schüssel cremig schlagen. Die Eigelbe mit einem Teigschaber locker unterziehen, dabei nicht zu viel rühren. Das Mehl darüber sieben und unterheben.

3 Aus der Masse mithilfe einer Teigkarte 4 Nocken abstechen und nebeneinander in die Auflaufform setzen.

4 Die Salzburger Nockerln im vorgeheizten Backofen auf der mittleren Schiene 15 bis 20 Minuten goldbraun backen – sie sollten in der Mitte noch cremig sein. Sofort servieren, sonst fallen sie zusammen.

Tipp:

Sie können die Salzburger Nockerln noch mit Puderzucker bestäuben und mit Roter Grütze (siehe S. 128) servieren.

Die »Königin der Aufläufe« soll einer Legende nach von der Bürgerstochter Salome Alt erfunden worden sein, die 22 Jahre lang die Geliebte von Wolf Dietrich von Raitenau, dem Erzbischof von Salzburg (1587–1612), war: Hohe Kirchenfürsten waren süßem Naschwerk bekanntlich selten abgeneigt. Als geschriebenes Rezept tauchen die Nockerln allerdings erst in Conrad Haggers »Neuem Salzburgischem Kochbuch von 1719« auf. Damals wurden die kleinen, luftig-zarten Klöße aus Eigelb, Eischnee, Butter, Mehl und Zucker wie ein Brandteig zubereitet und in einem Topf mit siedender Milch zugedeckt im Ofen gedünstet. Heute treten viele Rezepte mit dem Anspruch an, das Original der Salzburger Nockerln zu sein, die man in Frankreich ironisch als »une beauté douce comme un mouton« (eine süße, sanfte Schönheit wie ein Hammel) bezeichnet. In Österreich bringt man ihnen dagegen beinahe zärtliche Hochachtung entgegen. Am schönsten ist zweifellos die Liebeserklärung des Komponisten Fred Raymond ausgefallen: In seiner berühmten Operette »Saison in Salzburg« wird das »luftige Schaumgebirge« melodienreich als »süß wie die Liebe und zart wie ein Kuss« gepriesen. Die Nockerln »süß wie die Liebe« hinzubekommen ist sicherlich die leichtere Übung. »Zart wie ein Kuss« werden sie nur, wenn man die restlichen Zutaten behutsam unter den Eischnee hebt und die Form nach dem Befüllen sofort in den gut vorgeheizten Backofen schiebt.

Dampfnudeln

(Für ca. 12 Stück)

25 g Hefe
5 EL Zucker
1/2 l Milch
500 g Mehl
2 Eier · Salz
80 g weiche Butter
Mehl für die Arbeitsfläche
je 3 EL Butter und Butterschmalz

1 Für den Vorteig die Hefe mit 2 TL Zucker in 4 EL lauwarmer Milch auflösen. Das Mehl in eine Schüssel füllen und eine kleine Mulde in die Mitte drücken. Die Hefemilch in die Mulde geben und mit etwas Mehl verrühren. Die Schüssel mit Frischhaltefolie zudecken und den Vorteig an einem warmen Ort etwa 15 Minuten gehen lassen.

2 Die Eier verquirlen und mit 210 ml Milch, 1 Prise Salz und 3 EL Zucker in die Schüssel geben. Die weiche Butter ebenfalls hinzufügen und alles in der Küchenmaschine oder mit den Händen so lange kneten, bis ein glatter, elastischer Teig entstanden ist, der sich vom Schüsselrand löst. Den Teig zugedeckt an einem warmen Ort mindestens 45 Minuten gehen lassen, bis er sich etwa verdoppelt hat.

3 Den Teig auf der bemehlten Arbeitsfläche noch einmal durchkneten und zu 4 bis 5 cm dicken Rollen formen. Etwa 5 cm große Stücke abschneiden und jedes Teigstück mit einer Hand zu einer Kugel rollen (das nennt man »schleifen«).

4 In einem großen, flachen Topf (etwa 30 cm Durchmesser) die restliche Milch, den restlichen Zucker, die Butter und das Butterschmalz auf etwa 35 °C erwärmen. Den Topf vom Herd nehmen, die Teigkugeln mit der Nahtstelle nach unten nebeneinander hineinsetzen und zugedeckt noch einmal 20 Minuten gehen lassen. Die Dampfnudeln bei mittlerer Hitze 10 Minuten auf dem Herd anbraten, so bekommen sie am Boden eine braune Kruste.

5 Den Backofen auf 180 °C vorheizen. Den geschlossenen Topf in den Backofen schieben und die Dampfnudeln etwa 35 Minuten garen. Den Topf zwischendurch nicht öffnen, damit die Dampfnudeln schön luftig werden. Sollte die Kruste nicht dunkel genug sein, auf dem Herd noch etwas nachbacken.

Dampfnudeln haben mit den italienischen Nudeln so wenig gemein wie der englische Black pudding (Blutwurst) mit unserem Vanille- oder Schokoladenpudding. Die kugelrunden Teigballen aus Mehl, Hefe, Milch, Butter und Zucker, die in den Hungerzeiten während des Zweiten Weltkriegs entstanden, werden im geschlossenen Topf zuerst auf der Herdplatte und dann im Backofen im eigenen Dampf gegart. In der süßen Variante kommen sie als Nachspeise mit Puderzucker bestäubt und mit Vanille- oder Weinschaumsauce (Pfalz) auf den Tisch. Als herzhaftes Hauptgericht bekommen sie noch eine knackige Salzkruste und werden (mit Speckwürfeln und Backobst oder ohne) zu Wild, Braten und Sauerkraut (Elsass) serviert. Ihren Namen verdanken die Dampfnudeln zum einen ihrer Zubereitung (im Dampf garen), zum andern aber auch der Tatsache, dass ihnen Dampf entweicht, wenn man sie mit dem Messer aufschneidet oder der Gabel ansticht. In Österreich gart man die Mehl- oder Hefeklöße über Wasserdampf (!) und serviert sie mit Fruchtkompott oder Dörrobst.

Faschingskrapfen

(Für ca. 20 Stück)

130 g Milch
$1/2$ Würfel Hefe (21 g)
375 g Mehl
3 EL Zucker
2 Eier · 2 Eigelb
Mark von $1/2$ Vanilleschote
abgeriebene Schale von $1/2$ unbehandelten Zitrone
Salz · 1 TL Rum
45 g weiche Butter
Mehl für die Arbeitsfläche und zum Bestäuben
Butterschmalz (oder Erdnussöl) zum Ausbacken
Marmelade zum Füllen (z. B. Aprikosen- oder Johannisbeermarmelade)
Puderzucker zum Bestäuben

1 Für den Vorteig die Milch lauwarm erhitzen und die Hefe darin auflösen. Die Hefemilch mit 150 g Mehl zu einem zähen Teig verrühren und mit Frischhaltefolie zugedeckt an einem warmen Ort etwa 20 Minuten gehen lassen.

2 Den Vorteig mit restlichem Mehl, Zucker, Eiern, Eigelben, Vanillemark, Zitronenschale, $1/2$ TL Salz und Rum verkneten. Die Butter nach und nach dazugeben und so lange kneten, bis ein glatter Teig entstanden ist, der sich vom Schüsselrand löst. Den Hefeteig mit Frischhaltefolie zugedeckt an einem warmen Ort etwa 25 Minuten gehen lassen. Den Teig noch einmal kurz durchkneten und zugedeckt nochmals 15 Minuten gehen lassen.

3 Den Teig auf der leicht bemehlten Arbeitsfläche zu 3 cm dicken Rollen formen, in 1 $1/2$ bis 2 cm dicke Scheiben schneiden und mit einer Hand zu glatten Kugeln formen (das nennt man »schleifen«). Mit der Nahtstelle nach unten mit 5 cm Abstand auf ein mit Mehl bestäubtes Küchentuch legen, die Kugeln etwas flach drücken und leicht mit Mehl bestäuben. Zugedeckt nochmals etwa 1 Stunde gehen lassen, bis das Volumen um drei Viertel zugenommen hat.

4 Das Butterschmalz oder Erdnussöl in einem großen Topf auf 180 °C erhitzen. Die Krapfen mit der glatten Seite nach unten in das heiße Fett geben und zugedeckt 2 Minuten schwimmend backen. Dann die Krapfen mithilfe von zwei Kochlöffelstielen umdrehen, die zweite Seite offen hell bräunen und beide Seiten nochmals jeweils etwas nachbacken. Die Krapfen kurz ganz ins Fett tauchen, herausheben und auf Küchenpapier abtropfen lassen. Die warmen Krapfen mithilfe einer Krapfentülle mit Marmelade füllen und mit Puderzucker bestäuben.

Karnevalisten wissen schon lange, was der Mensch zur Stärkung braucht, bevor die magere Fastenzeit beginnt: fettes Schmalzgebäck! Faschingskrapfen! Berliner! Schon bei den alten Römern stand ausgebackenes Hefegebäck hoch im Kurs: Sie nannten ihre Krapfen »globuli« (Kügelchen) und bestrichen sie mit Honig und Mohn. Als »craphun« taucht das Gebäck um das Jahr 1200 auf den Speiseplänen der Klosterküchen auf. In der Barockzeit wurden die Krapfen zum höfischen Kult – jetzt kam die Kunst des Füllens mit süßem Inhalt dazu. Im Wien des 17. Jahrhunderts soll eine Zuckerbäckerin namens Cäcilia Krapf Krapfen mit Aprikosenmarmelade gefüllt haben, die sie dann als »Cilikugeln« verkaufte. Der König aller Krapfen ist und bleibt jedoch der Berliner, der nur in Berlin selbst auf den Namen »Pfannkuchen« hört, obwohl er nicht flach, sondern kugelrund ist. Er ist innen weich und locker und mit Marmelade gefüllt, die spätestens beim zweiten Biss auf dem Hemd landet. Egal! Es lässt die Berliner auch kalt, dass neun von zehn dieser mit Marmelade oder Vanillecreme gefüllten Hefebollen zwischen dem 11.11. und Aschermittwoch nicht an der Spree gegessen werden, sondern in den Hochburgen rheinischer (und bayerischer) Ausgelassenheit.

Croissants mit Nussfüllung

(Für ca. 20 Stück)

Für den Hefeteig:
50 ml Milch · 1/2 Würfel Hefe (21 g)
470 g Mehl · 1 EL Zucker
1 Eigelb · Salz
abgeriebene Schale von
1/4 unbehandelten Zitrone
150 g Butter
Mehl für die Arbeitsfläche · 1 Ei
Butter für das Backblech

Für die Nussfüllung:
75 g geröstete, geriebene
Haselnüsse
4 EL Zucker
1 EL flüssige Butter
gemahlener Zimt

1 Die Milch und 200 ml Wasser lauwarm erhitzen und die Hefe darin auflösen. 2 EL Mehl beiseite stellen. Das restliche Mehl mit der Hefelösung, dem Zucker, dem Eigelb, 1 TL Salz und der Zitronenschale zu einem glatten, geschmeidigen Teig kneten, der sich vom Schüsselrand löst. Zu einer Kugel formen, flach drücken und zugedeckt im Kühlschrank etwa 4 Stunden gehen lassen. Inzwischen die Butter und das restliche Mehl zu einem Teig kneten, zu einem flachen Ziegel formen und zugedeckt kühl stellen.

2 Den Hefeteig zu einem 30 x 30 cm großen Quadrat ausrollen und mit Wasser bestreichen. Den kalten Butterteig etwa ein Viertel so groß ausrollen und in den Hefeteig einschlagen. 25 x 50 cm groß ausrollen, das untere Drittel der Teigplatte zur Mitte hin zusammenklappen, das obere Drittel darüber klappen. Zugedeckt 1 Stunde kühl stellen. Den Vorgang zweimal wiederholen, dabei den Teig jeweils 1 Stunde kühl stellen.

3 Für die Füllung Haselnüsse, Zucker, Butter und 1 Prise Zimt mischen. Den Teig auf der bemehlten Arbeitsfläche etwa 1/2 cm dick ausrollen und zu 12 cm breiten und 15 cm langen Dreiecken schneiden. Von der schmalen Seite einen 1 cm tiefen Schnitt Richtung Teigspitze machen. Darüber walnussgroß die Füllung setzen. Die Teigdreiecke mit verquirltem Ei bestreichen und von der schmalen Seite nach oben zu Hörnchen rollen, sodass die Teigspitze außen liegt. Zu Halbmonden biegen, auf ein gefettetes Blech setzen und zugedeckt 20 Minuten gehen lassen.

4 Den Backofen auf 200 °C vorheizen, auf den Ofenboden eine Tasse mit Wasser stellen. Die Croissants mit dem restlichen verquirlten Ei bestreichen und im Backofen auf der unteren Schiene 15 bis 20 Minuten backen.

Wer glaubt, nichts sei französischer als ein buttrig-duftiges Croissant, das man morgens bedächtig in einen Café au lait stippt, irrt gewaltig. Das Blätterteighörnchen ist nämlich ein gebürtiger Wiener! Um die Geburt des beliebten Gebäcks ranken sich inzwischen mindestens ein halbes Dutzend Legenden, deren wahrer Kern sich jedoch auf folgende Tatsachen eingrenzen lässt: Im Jahr 1683 standen die Türken zum wiederholten Mal vor Wien, die östliche Bastion des Christentums drohte zu fallen. Doch die Belagerung scheiterte: In letzter Minuten wurden die Wiener von einem deutsch-polnischen Entsatzheer unter Führung des polnischen Königs Johann III. Sobieski befreit. In der Freude über den Sieg erfanden die Wiener Bäcker zum Hohn auf den türkischen Halbmond ein Hörnchen, »Kipferl« genannt, das sich bei den Geretteten natürlich großer Beliebtheit erfreute. Die Kipferl fanden schnell Verbreitung und wurden bald mit allerlei Füllungen und in vielerlei Varianten gebacken: mit Mürbteig, Hefe- und Blätterteig, den die Wiener ebenso wie den Kaffee von den Türken übernommen hatten. Als die österreichische Prinzessin Marie Antoinette 1770 mit dem französischen Dauphin Ludwig XVI. verheiratet wurde, nahm sie die Blätterteig-Variante des Hörnchens mit an den Hof von Versailles. Die Franzosen fanden rasch Gefallen an »ihrem« Croissant (frei übersetzt: zunehmender Mond) – und schon dachte alle Welt, das luftige Gebäck sei eine Pariser Erfindung.

Madeleines

(Für ca. 30 Stück)

Butter und Mehl für die Form
3 Eier · 2 Eigelb
140 g feiner Zucker
abgeriebene Schale von
1/2 unbehandelten Zitrone
1 Msp. Vanillemark
130 g Mehl (Type 550)
1 TL Backpulver · Salz
Puderzucker zum Bestäuben

1 Die Vertiefungen einer Madeleineform mit Butter einfetten und mit Mehl bestäuben. Die Eier, die Eigelbe und den Zucker mit den Quirlen des Handrührgeräts etwa 1 Minute schaumig schlagen. Zitronenschale und Vanillemark unterrühren.

2 Mehl, Backpulver und 1 Prise Salz mischen und gründlich unter die Eiermasse heben, sodass sich keine Klumpen bilden. Den Teig zugedeckt im Kühlschrank mindestens 1 Stunde ruhen lassen.

3 Den Backofen auf 200 °C vorheizen. Den Teig mit einem Löffel maximal drei Viertel hoch in die Vertiefungen der Madeleineform füllen und die Madeleines im vorgeheizten Backofen auf der unteren Schiene 10 bis 12 Minuten goldbraun backen.

4 Die Madeleines aus dem Backofen nehmen, kurz in der Form abkühlen lassen, aus der Form lösen und mit Puderzucker bestäuben.

Tipp:

Die Teigmenge reicht für etwa 30 Madeleines, das heißt, der Teig muss portionsweise gebacken werden, da eine Madeleineform meist 15 oder weniger Vertiefungen hat.

Dem Dichter Marcel Proust (1871–1922) geriet der Geschmack einer in etwas Lindenblütentee getunkten Madeleine zum ungewöhnlichsten Musenkuss der Literatur. Im ersten Kapitel seines großen Werks »Auf der Suche nach der verlorenen Zeit« setzte der Franzose dem luftigen Gebäck in Muschelform ein kleines Denkmal – als magischer Schlüssel zur Erinnerung an glückliche Kindertage. Sie überwältigte ihn in der Sekunde, da ein mit »Gebäckkrümeln gemischter Schluck Tee seinen Gaumen berührte«. Nur ist damit nicht die spannende Frage beantwortet, wie die Muschelbiskuits zu ihrem Namen kamen. Fest steht, dass es Gebäck in Muschelform in Nordfrankreich mindestens schon seit dem 18. Jahrhundert gab. Im lothringischen Commercy, wo man sich rühmt, die einzig »wahren« Madeleines zu backen, heißt es, die mysteriöse Namensgeberin sei eine junge Köchin des polnischen Exilkönigs Stanislaus Leszczyński gewesen, dessen Tochter Maria (1703–1768) als Gattin Ludwigs XV. in Frankreich lebte. Andererseits wurden in der Normandie im Städtchen Illiers-Combray in der Nähe von Chartres, wo Proust mehrere Sommer seiner Kindheit verbrachte, bereits seit dem Mittelalter Biskuits in Form von Jakobsmuscheln hergestellt, quasi Vorläufer der Madeleines. Da Illiers-Combray eine Etappe am Pilgerweg nach Santiago de Compostela war, liegt es nahe, dass die Jakobspilger gern von den göttlichen Keksen aßen, die ihnen die Reisestrapazen etwas versüßten. Die Jakobsmuschel war das Symbol ihrer Wallfahrt, sie trugen sie als Erkennungszeichen am Hut.

Vanille-Baisers

(Für ca. 60 Stück)

4 Eiweiß
80 g Zucker
Salz
100 g Puderzucker
1 EL Vanillezucker

1 Den Backofen auf 90 °C Umluft vorheizen. 3 Backbleche mit Backpapier auslegen. Die Eiweiße mit dem Zucker und 1 Prise Salz steif schlagen. Den Puderzucker auf die Masse sieben und mit dem Vanillezucker unterrühren.

2 Die Schaummasse in einen Spritzbeutel mit großer Sterntülle füllen und auf die Backbleche Ringe (à etwa 6 cm Durchmesser) spritzen. Alle Bleche in den vorgeheizten Backofen schieben und die Baisers 2 bis 2 1/2 Stunden trocknen lassen.

Tipp:

Die Eiweißmasse kann in beliebigen Formen (z. B. Herzen) aufgespritzt werden. Je höher allerdings die Masse aufgespritzt wird, umso länger brauchen die Baisers zum Trocknen.

Es schmeckt so süß wie ein Kuss – kein Wunder, schließlich bedeutet das französische Wort »baiser« ja auch nichts anderes. Nur dass in Frankreich das Schaumgebäck aus Eischnee und Zucker nicht als Baiser bekannt ist, sondern Meringue heißt. Und genau diese Bezeichnung muss man kennen, wenn man nach dem Ursprung der luftigen Süßigkeit forschen will. Denn in Meringue klingt noch der Geburtsort des Gebäcks an: Meiringen im Berner Oberland. Auch wenn sämtliche Dokumente, die man ins Feld führen könnte, mittlerweile verschollen sind, beharren die Meiringer darauf, dass ein aus Italien eingewanderter Zuckerbäcker (vermutlich namens Casparini oder Gasparini) das Schaumgebäck in ihrem Ort erfunden habe. Für diese Behauptung spricht, dass früher im süddeutschen und österreichischen Raum die Bezeichnung »Meirinken« bzw. »Merinken« für unsere Baisers durchaus geläufig war. Mit großer Wahrscheinlichkeit gelangte die Meringue aus der Schweiz an den lothringischen Hof von Stanislaus I. (1677–1766), einem anerkannten Feinschmecker und Süßmaul. Der Schwiegervater von Ludwig XV. leitete das Rezept für das Eiweißgebäck an den Königshof weiter, wo der süße Luftikus mit großer Begeisterung aufgenommen wurde und dann seinen Weg in die Welt antrat. Ihre Ansprüche auf die Urheberschaft der Meringue haben die Meiringer vor einigen Jahren mit einem spektakulären Rekord untermauert: Aus 2000 Eiweiß stellten sie eine 2,5 Meter lange Riesenmeringue her, die in einer Sauna gebacken wurde!

Florentiner

(Für ca. 50 Stück)

75 g Butter
150 g Zucker
60 g Honig
110 g Sahne
30 g Belegkirschen
20 g Orangeat
1 EL Rum
100 g gehackte Mandeln
150 g gehobelte Mandeln
150 g Zartbitterschokolade
100 g dunkle Kuchenglasur

1 Den Backofen auf 180 °C vorheizen. Die Butter, den Zucker, den Honig und die Sahne in einem Topf aufkochen und kochen lassen, bis die Masse zu bräunen beginnt. In der Zwischenzeit die Belegkirschen und das Orangeat mit dem Rum mischen und mit einem Messer zerkleinern.

2 Den Topf vom Herd ziehen, die Früchte und die Mandeln untermischen. Die Masse auf zwei Blätter Backpapier in Backblechgröße verteilen, je ein Blatt Backpapier darauf legen und die Masse mit dem Nudelholz etwa 2 mm dick ausrollen. Die oberen Blätter abziehen, die unteren Blätter mit der ausgerollten Masse jeweils auf ein Backblech legen und nacheinander im vorgeheizten Backofen 15 bis 20 Minuten goldgelb backen.

3 Sobald das Blech aus dem Backofen kommt, mit einem runden Plätzchenausstecher (Größe nach Belieben) Florentiner ausstechen. Falls die Mandelmasse während des Ausstechens zu fest wird, nochmals kurz in den Backofen schieben.

4 Die Schokolade und die Kuchenglasur grob zerkleinern und über dem etwa 35 °C heißen Wasserbad schmelzen. Die abgekühlten Florentiner auf der Unterseite mit der Glasur bestreichen und trocknen lassen.

Tipp:

Alternativ kann man die gebackene Mandelmasse mit zwei Teelöffeln zu kleinen, blättrigen Häufchen zusammenschieben – so bleiben keine Reste übrig. Die Löffel dabei zwischendurch ab und zu in kaltes Wasser tauchen.

Bereits ihr Name verrät, dass die Florentiner süße Grüße aus Florenz, der Hauptstadt der Toskana, sind. Und bei näherer Betrachtung der italienischen Küchengeschichte kommt man schnell zu dem Schluss, dass diese köstliche Mandelschleckerei in der Renaissance auch nirgendwo anders als in Florenz entstehen konnte. Vor allem dank der berühmten Medici war die Stadt am Arno dem übrigen Europa in dieser Zeit kochtechnisch weit überlegen: Während sonst vielerorts noch mittelalterliche Zustände herrschten, hatte die Kochkunst hier während der Renaissance bereits einen ersten Höhepunkt erreicht. Weit über die Stadtgrenzen hinaus berühmt waren nicht nur die raffinierten Menüs der Medici, sondern auch die Vorliebe der Florentiner für Süßes. Die Mahlzeiten begannen in der Regel mit Süßem und endeten auch damit, zum Beispiel mit kleinen Plätzchen wie den Florentinern. Dass Katharina von Medici 1533 bei ihrer Heirat mit dem französischen König Heinrich II. vor allem Konditoren mit nach Paris nahm, ist kein Zufall. Auch in den Florentinern haben sich die Medici angeblich verewigt: Die adligen Damen vertrieben der Legende zufolge ihre Zeit damit, das bis heute typische Wellenmuster mit ihren edlen Haarkämmen in die warme Schokolade auf der Unterseite zu ziehen.

Panettone

(Für 1 Kuchen)

50 g Zitronat · 100 g Rosinen
200 g kandierte Früchte
(z. B. Aprikosen, Kirschen, Pfirsiche)
50 g Hefe · 650 g Mehl
150 g Zucker · Salz
abgeriebene Schale von
1 unbehandelten Zitrone
1 Eigelb · 200 g weiche Butter

1 Das Zitronat, die Rosinen und die kandierten Früchte mischen und zugedeckt über Nacht bei Zimmertemperatur durchziehen lassen.

2 Am nächsten Tag für den Vorteig die Hefe in 100 ml lauwarmem Wasser auflösen und so viel Mehl dazugeben, bis ein zähflüssiger Teig entsteht. Zugedeckt an einem warmen Ort 30 Minuten gehen lassen.

3 Ein Backblech mit dickem Karton und Backpapier auslegen, einen Kuchenring (16 bis 20 cm Durchmesser) darauf setzen. Einen 12 cm hohen Karton in Ringlänge mit Backpapier umwickeln und den Kuchenring an der Innenseite damit auslegen, sodass ein erhöhter Rand entsteht. (Der Karton verhindert, dass der Kuchen beim Backen zu dunkel wird und gibt ihm außerdem eine stabile Form.)

4 Den Vorteig mit dem restlichen Mehl, Zucker, 2 TL Salz, Zitronenschale und Eigelb in der Küchenmaschine verkneten. Die Butter nach und nach dazugeben und alles zu einem glatten, geschmeidigen Teig kneten, der sich vom Schüsselrand löst. Die Früchte unterkneten, den Hefeteig zu einer Kugel formen, in die vorbereitete Form geben und zugedeckt an einem warmen Ort noch einmal 4 Stunden gehen lassen.

5 Den Backofen auf 180 °C vorheizen. Mit einem scharfen Messer die Teigoberfläche über Kreuz einschneiden und den Panettone im vorgeheizten Backofen auf der unteren Schiene etwa 2 Stunden goldbraun backen. Mit einem Holzspießchen die Garprobe machen. Den Panettone vor dem Anschneiden 1 Tag ziehen lassen. Zum Servieren nach Belieben mit Puderzucker bestäuben.

Zu den süßen Zutaten des beliebten italienischen Hefekuchens passt die romantische Geschichte, die man von seiner Entstehung erzählt. Demnach soll der junge Adlige Unghetto della Tela, der sich in Adalgisa, die Tochter des in Mailand ansässigen Bäckers Tonio, verliebt hatte, eben diesem Bäcker Sultaninen, Zitronat und andere kostbare Zutaten mit der Bitte überlassen haben, daraus eine verführerische Leckerei zu zaubern. Das Ergebnis konnte sich sehen lassen: Das »pan de Tonio« (Brot des Tonio) erfreute sich bald so großer Beliebtheit, dass es dem Bäcker zu Ansehen und Reichtum verhalf und einer Heirat der Liebenden nichts mehr im Wege stand. So schön diese Lovestory aus dem 15. Jahrhundert auch ist – tatsächlich hat der Panettone christliche Ursprünge und seine Wurzeln lassen sich bis ins 11. Jahrhundert zurückverfolgen. Damals war es üblich, vor religiösen Festen Brot (im Mailänder Dialekt »panattun«) zu backen. Am Weihnachtsfeiertag schnitt der Hausherr das Brot dann an und verteilte es an die Familienmitglieder. Die Rinde wurde oftmals bis zum Namenstag des heiligen Blasius am 3. Februar aufbewahrt: Wer sie an diesem Tag aß, den sollte sie vor Halsschmerzen schützen! Noch heute bedankt sich in vielen italienischen Firmen der Padrone vor Weihnachten bei seiner Belegschaft mit einem Panettone und einer Flasche Schaumwein. Denn zu dem Hefekuchen wird traditionell nicht etwa Kaffee oder Tee, sondern ein kühler Spumante getrunken.

Nürnberger Lebkuchen

(Für ca. 20 Stück)

Für die Lebkuchen:
Hirschhornsalz
4 Eiweiß · Salz
160 g Zucker
125 g Marzipanrohmasse
200 g geriebene Mandeln
20 g geriebene Haselnüsse
je 35 g Mehl, Orangeat und Zitronat
1 TL Lebkuchengewürz
ca. 20 Oblaten (9 cm Durchmesser)

Für die Glasur:
200 g dunkle Kuvertüre
100 g dunkle Kuchenglasur

1 Für die Lebkuchen 2 Prisen Hirschhornsalz mit wenig kaltem Wasser glatt rühren. Die Eiweiße mit 1 Prise Salz und einem Drittel des Zuckers zu Schnee schlagen. Sobald der Schnee fast steif ist, das nächste Drittel Zucker dazugeben. Weitere 2 Minuten schlagen und den restlichen Zucker unterrühren. Das Hirschhornsalz dazugeben und den Eischnee weitere 2 Minuten schlagen, bis er schön cremig ist.

2 Das Marzipan mit einem Viertel des Eischnees in der Küchenmaschine oder mit den Quirlen des Handrührgeräts glatt rühren, dann den restlichen Eischnee unterheben. Mandeln, Haselnüsse, Mehl, Orangeat, Zitronat und Lebkuchengewürz mischen und unter die Marzipanmasse ziehen.

3 Die Lebkuchenmasse 10 Minuten ruhen lassen, auf die Oblaten streichen und über Nacht bei Zimmertemperatur trocknen lassen.

4 Am nächsten Tag den Backofen auf 190 °C vorheizen. Die Lebkuchen auf ein Backblech setzen und im vorgeheizten Backofen auf der mittleren Schiene etwa 15 Minuten backen.

5 Für die Glasur Kuvertüre und Kuchenglasur grob zerkleinern und in einer Metallschüssel über dem heißen Wasserbad schmelzen. Die abgekühlten Lebkuchen damit bestreichen und nach Belieben mit Mandelhälften und kandierten Kirschen belegen.

Nürnberg duftet – zumindest in der Adventszeit, wenn rund um den berühmten Christkindlesmarkt der verführerische Duft nach süßen Schleckereien in der Luft liegt. Und natürlich dreht sich dann alles um das kulinarische Wahrzeichen der Stadt, den Lebkuchen, dessen Ruf längst über die Grenzen Deutschlands hinausreicht. Es ist kein Zufall, dass das würzige Gebäck ausgerechnet in Nürnberg erfunden wurde, denn hier waren seit dem 14. Jahrhundert alle nötigen Ingredienzien im Überfluss vorhanden. Lebkuchen sind eigentlich Honigkuchen – und Honig floss reichlich im einstigen Reichswald rund um Nürnberg, den man früher nicht umsonst den »Bienengarten des Heiligen Römischen Reiches« nannte. Und eine größere Auswahl an Gewürzen konnte man auch kaum anderswo finden: In der alten Reichsstadt trafen die wichtigsten Handelsstraßen zusammen, und es waren Nürnberger Händler, die im 14. und 15. Jahrhundert halb Europa mit den kostbarsten Spezereien aus dem Orient versorgten. Mit der gewerblichen Herstellung des Gebäcks wurde wohl schon Ende des 14. Jahrhunderts begonnen, obwohl der Rat der Stadt die Gründung einer eigenen Lebzelterzunft erst 1643 genehmigte. Mit unserem Wort »Leben« hat der Lebkuchen übrigens nichts zu tun: Sein Name leitet sich vermutlich vom lateinischen »libum« (Fladen) oder althochdeutschen »lebbe« (sehr süß) ab. Trotzdem konnten Lebkuchen, denen man auch magische Kräfte zuschrieb, im Volksglauben durchaus existenzielle Bedeutung bekommen: So bestrichen Bäuerinnen mit ihren von Lebkuchenteig verschmierten Händen Obstbäume, um die Ernte zu steigern. Und wenn den Frauen der Teig misslang, war ihnen ein vorzeitiges Ableben prophezeit…

Christstollen mit Marzipan

(Für 2 Stollen)

1 Vanilleschote · 300 g Zucker
100 g geröstete, gehackte Mandeln
je 250 g Korinthen und Sultaninen
100 g fein gehacktes Orangeat
50 g fein gehacktes Zitronat
120 ml Rum
2 Tropfen Bittermandelaroma
Mark von 1 Vanilleschote
1/4 geriebene kleine Tonkabohne (im Gewürzhandel oder aus der Apotheke)
abgeriebene Schale von je 1/2 unbehandelten Orange und Zitrone
150 ml Milch · 90 g Hefe
80 g Honig · 520 g Mehl (Type 405)
300 g Mehl (Type 550)
2 Eier · 2 Eigelb
400 g Butter
Mehl zum Bestäuben · Salz
flüssige Butter und Mehl für die Form
200 g Marzipanrohmasse
3 EL Puderzucker
400 g flüssiges Butterschmalz
Puderzucker zum Bestäuben

1 Am Vortag die Vanilleschote längs aufschneiden und mit dem Zucker in ein Schraubglas füllen. Die Mandeln mit Korinthen, Sultaninen, Orangeat, Zitronat, Rum, Bittermandelaroma, Vanillemark, Tonkabohne, Orangen- und Zitronenschale mischen und mit Frischhaltefolie zugedeckt bei Zimmertemperatur ziehen lassen.

2 Am nächsten Tag für den Vorteig die Milch lauwarm erhitzen und die Hefe darin auflösen. Die Hefemilch mit Honig und 200 g Mehl (Type 405) zu einem zähen Teig verrühren und mit Frischhaltefolie zugedeckt an einem warmen Ort etwa 15 Minuten gehen lassen.

3 Den Vorteig mit restlichem Mehl (Type 405 und Type 550), Eiern, Eigelben und 100 g Butter zu einem Teig verarbeiten. Die restliche Butter nach und nach dazugeben und den Hefeteig 10 bis 15 Minuten kneten, bis er glatt ist. Mit Mehl bestäuben und mit Frischhaltefolie zugedeckt an einem warmen Ort gehen lassen, bis er sich verdoppelt hat. Dann die Mandel-Früchte-Mischung und 1 gestrichenen TL Salz unterkneten.

4 Zwei Stollenformen mit Butter einfetten und mit Mehl bestäuben. Den Backofen auf 220 °C vorheizen. Das Marzipan mit dem Puderzucker verkneten und zu zwei Stangen in Stollenlänge formen.

5 Den Teig halbieren und zu zwei etwa 3 cm dicken, ovalen Fladen in Stollenlänge formen. Die Marzipanstangen jeweils längs auf das untere Teigdrittel legen und in den Teig einrollen. Den Stollenteig mit der Naht nach oben in die Form legen, den Deckel auflegen und verschließen. Den Teig nochmals etwa 15 Minuten gehen lassen.

6 Die Backofentemperatur auf 175 °C reduzieren und die Stollen 50 bis 60 Minuten backen. Die Stollen auf ein Gitter stürzen, 5 bis 10 Minuten abkühlen lassen und rundum mit Butterschmalz bestreichen. Mit dem selbst gemachten Vanillezucker bestreuen, vollständig abkühlen lassen, in Alufolie wickeln und im Kühlschrank mindestens 1 Woche durchziehen lassen. Zum Servieren den Stollen mit Puderzucker bestäuben.

Die Historiker haben tief im Stollen der Geschichte gegraben, um die Tradition des berühmten Dresdner Weihnachtsgebäcks bis ins 14. Jahrhundert zurückzuverfolgen. Der mit feinem Zucker überpuderte Laib, der früher auch »Striezel« oder »Christbrod« hieß, sollte das in Windeln gewickelte Jesuskind darstellen. Nach dem Dogma der katholischen Kirche durfte der Striezel allerdings nur aus Mehl, Hefe, etwas Öl und Wasser gebacken werden. Ohne Butter war es ein zwar gottesfürchtiges, aber doch recht fades Gebäck. Deshalb baten anno 1450 die Kurfürsten Ernst und Albrecht von Sachsen in einem Zeremonialschreiben Papst Nikolaus V. darum, das strenge Butterverbot zu lockern. Es mussten jedoch erst 41 Jahre vergehen und fünf Stellvertreter Gottes das Zeitliche segnen, bevor 1491 Papst Innozenz VIII. bereit war, das Butterverbot für die Dresdner Stollenbäcker aufzuheben. Davon profitierten nicht nur die Bäcker. Der Papst verband den Erlass mit der Zahlung eines »Buttergeldes«, das unter anderem beim Bau des Freiberger Doms eingesetzt wurde.

Gugelhupf

(Für 1 Kuchen)

60 g Rosinen · 1 EL Rum
10 ungeschälte Mandeln
190 ml Milch · 30 g Hefe
375 g Mehl
3 Eigelb · 90 g Zucker
120 g weiche Butter · Salz
1/2 TL abgeriebene unbehandelte Zitronenschale
Mark von 1/2 Vanilleschote
Butter und Mehl für die Form
100 g geklärte Butter (oder flüssiges Butterschmalz)
50 g selbst gemachter Vanillezucker (siehe S. 145)

1 Die Rosinen mit dem Rum mischen und die Mandeln in lauwarmes Wasser einlegen. Für den Vorteig die Milch lauwarm erhitzen und die Hefe darin auflösen. Die Hefemilch mit 100 g Mehl zu einem zähen Teig verrühren und mit Frischhaltefolie zugedeckt an einem warmen Ort etwa 20 Minuten gehen lassen.

2 Den Vorteig mit dem restlichen Mehl, Eigelben, Zucker, Butter, 1 Prise Salz, Zitronenschale und Vanillemark zu einem glatten, geschmeidigen Teig kneten, der sich vom Schüsselrand löst. Die Rumrosinen unterkneten und den Hefeteig mit Frischhaltefolie zugedeckt an einem warmen Ort etwa 20 Minuten gehen lassen. Den Teig nochmals durchkneten und zugedeckt nochmals 20 Minuten gehen lassen.

3 Den Backofen auf 180 °C vorheizen. Eine Gugelhupfform mit Butter einfetten und mit Mehl bestäuben. Die Mandeln in ein Sieb abgießen und auf dem Boden der Form verteilen. Den Teig zu einer Kugel formen, in die Mitte ein Loch bohren und den Teig in die Gugelhupfform setzen. Zugedeckt nochmals 25 Minuten gehen lassen.

4 Den Gugelhupf im vorgeheizten Backofen auf der unteren Schiene etwa 50 Minuten backen. Sofort aus der Form stürzen, mit Butter oder Butterschmalz bestreichen und mit Vanillezucker bestreuen.

Die »Mutter aller Napfkuchen« ist ein kulinarisches Wahrzeichen des Elsass – so wichtig wie sonst nur noch Gänseleber und Sauerkraut. Dabei ist der Gugelhupf (manchmal auch »Gugelkopf« oder »Kugelhupf« genannt) im gesamten alemannischen Sprachraum schon seit rund 350 Jahren bekannt, neben den Elsässern streiten sich auch Österreicher, Schweizer, Deutsche und Polen darum, die Kuchen-Ikone erfunden haben. Fest steht, dass topfförmige Backgefäße aus Holz, Ton und sogar Kupfer seit dem 17. Jahrhundert verwendet wurden. Wer aber wo zum ersten Mal den Rosinenkuchen aus seiner typischen Form gestürzt hat, wird wohl immer ein Geheimnis bleiben. Auch der Name Gugelhupf gab (und gibt) Sprachforschern manches Rätsel auf. In ihrem »Deutschen Wörterbuch« erklärten ihn die Brüder Grimm Mitte des 19. Jahrhunderts mit der kugelartigen Form des Gebäcks und der Eigenschaft der Hefe, beim raschen Aufgehen zu »hüpfen«. Dies mag plausibel klingen, ist aber nicht die einzige Deutung. Jedenfalls galt der Gugelhupf schon zur Biedermeierzeit als Statussymbol bürgerlichen Wohlstands und durfte auf keiner Kaffeetafel fehlen. Weil er nicht zu süß ist, steht er im Elsass schon zum Frühstück auf dem Tisch, wird mittags als Dessert angeboten und abends in einer salzigen Variante mit Speck statt Rosinen zum Aperitif gereicht. Ein echtes Allround-Talent eben!

Sachertorte

(Für 1 Torte)

Für die Torte:
Butter für die Form
7 Eier · 170 g weiche Butter
120 g Puderzucker
Mark von 1 Vanilleschote
6 EL Rum
170 g Zartbitterschokolade
Salz · 230 g Zucker
150 g Mehl
Aprikosenmarmelade zum Bestreichen
200 g Marzipanrohmasse
Puderzucker für die Arbeitsfläche

Für die Glasur:
160 g Zartbitterschokolade
100 g Sahne
2 EL Butter
4 EL Puderzucker

1 Den Backofen auf 190 °C vorheizen. Eine Springform (28 cm Durchmesser) mit Butter einfetten. Die Eier trennen. Die Butter mit dem Puderzucker und dem Vanillemark cremig rühren. Die Eigelbe nach und nach unterrühren und zuletzt 1 EL Rum untermischen.

2 Die Schokolade grob zerkleinern, in einer Metallschüssel über dem 35 °C heißen Wasserbad schmelzen und unter die Buttermasse mischen.

3 Die Eiweiße mit 1 Prise Salz und 130 g Zucker zu einem festen Schnee schlagen und unter die Buttermasse heben. Dann das Mehl untermischen.

4 Den Teig in die Springform füllen und im vorgeheizten Backofen auf der unteren Schiene 55 bis 60 Minuten backen. Den Kuchen stürzen, kurz abkühlen lassen und aus der Form lösen. Vollständig abkühlen lassen, wieder umdrehen und zweimal quer durchschneiden, sodass 3 gleich dicke Böden entstehen.

5 Den restlichen Zucker mit 200 ml Wasser aufkochen, etwas abkühlen lassen und den restlichen Rum dazugeben. Die unteren 2 Kuchenböden damit tränken und mit Aprikosenmarmelade bestreichen. Beide Böden aufeinander setzen, den dritten Boden darauf setzen und die Torte etwas flach drücken. Das Marzipan auf der gezuckerten Arbeitsfläche dünn ausrollen und mit dem Ring der Springform einen Kreis ausstechen.

6 Für die Glasur die Schokolade hacken. Die Sahne mit Butter und Puderzucker aufkochen. Den Topf vom Herd nehmen und die Schokolade unter Rühren darin schmelzen, bis eine glatte, glänzende Masse entsteht. Die Torte rundum dünn mit Marmelade bestreichen, mit dem Marzipan belegen und auf ein Kuchengitter setzen. Mit der Glasur überziehen und die überschüssige Schokoladenmasse ablaufen lassen. Die Torte auf eine Tortenplatte setzen und die Glasur fest werden lassen.

Bei der Entstehung der Sachertorte spielte der Zufall eine große Rolle. »Dass er mir aber keine Schand' macht, heut Abend!«, soll Fürst Metternich seinem Küchenchef zugerufen haben, als er ihn 1832 – auf dem Höhepunkt seiner Diplomatenkarriere – bat, für einen Empfang ein neues Dessert zu kreieren. Aber genau an jenem Tag erkrankte der »Chef de Cuisine«, und da sich keiner an den heiklen Auftrag wagen wollte, fiel dem 16-jährigen Küchenlehrling Franz Sacher der schwarze Peter zu. Und dem gelang ein echter Geniestreich, als er die nach ihm benannte üppige Torte mit Schokoladenglasur erfand. Das Rezept blieb in der Familie und nachdem Franz' Sohn Eduard 1876 das »Hotel Sacher« in Wien eröffnet hatte, sorgten die internationalen Gäste dafür, dass der Ruhm der Torte um die Welt ging. Wer allerdings tatsächlich im Besitz des »Originalrezepts« ist, darüber führen das Hotel Sacher und die Wiener Konditorei Demel, an die ein enterbter Sacher-Spross während des Zweiten Weltkriegs das Rezept verkauft hatte, einen bitter-süßen Streit. Ob man die Torte nun korrekterweise horizontal halbiert und mit einer Schicht Aprikosenmarmelade füllt oder die Marmelade direkt auf den Tortendeckel streicht und dann mit Schokoladenglasur überzieht – wir sind diplomatisch und machen es sowohl als auch (siehe Rezept)!

Tarte Tatin

(Für 4 Personen)

2 tiefgekühlte Blätterteigplatten (à 80 g)
4–5 säuerliche Äpfel (z. B. Elstar)
110 g Zucker
1/4 TL gemahlener Zimt
1 TL Zitronensaft
4 EL Butter

1 Den Blätterteig bei Zimmertemperatur auftauen lassen. Die Platten aufeinander legen, 2 mm dick ausrollen, mit einer Gabel mehrmals einstechen und zugedeckt im Kühlschrank 2 Stunden ruhen lassen.

2 Den Backofen auf 220 °C vorheizen. Die Äpfel schälen, vierteln, entkernen und in 1 cm dicke Spalten schneiden. 1 EL Zucker mit dem Zimt mischen.

3 Den restlichen Zucker in einem kleinen Topf hell karamellisieren und mit Zitronensaft und 1 EL Wasser ablöschen. Die Butter nach und nach unterrühren. Den Karamell in kleine Tarteförmchen (à 12 cm Durchmesser) verteilen. Die Äpfel fächerförmig von außen nach innen dicht nebeneinander darauf legen und mit dem Zimtzucker bestreuen.

4 Die Tarteförmchen auf ein Backblech stellen und die Äpfel im vorgeheizten Backofen auf der unteren Schiene etwa 15 Minuten dünsten. Inzwischen aus dem Blätterteig 4 Kreise (à 14 cm Durchmesser) ausstechen. Sobald die Äpfel fast weich sind, mit den Teigkreisen bedecken. Die Tartes weitere 12 bis 15 Minuten goldbraun backen.

5 Die Tartes aus dem Backofen nehmen, jeweils vorsichtig auf einen Dessertteller stürzen und die Förmchen abnehmen. Nach Belieben mit Puderzucker bestäuben.

Eine Tarte Tatin muss frisch zubereitet werden – darauf legt die »Bruderschaft der Feinschmecker der Tarte Tatin« in Lamotte-Beuvron größten Wert. Und die muss es wissen, denn schließlich wurde in Lamotte-Beuvron, einem Ort südlich von Orléans, der verkehrt herum gebackene Apfelkuchen erfunden. Und zwar infolge eines Missgeschicks, das sich in der Küche eines kleinen Hotels ereignete, das die ledigen Schwestern Caroline und Stephanie Tatin 1888 von ihrem Vater geerbt hatten. Hier pflegten vorzugsweise Jäger aus Paris einzukehren, die in den Wäldern der Region ihrer Leidenschaft nachgingen. Diese Leidenschaft erschöpfte sich jedoch nicht allein im Jagen: Abends gab man sich zur Freude aller Beteiligten die Ehre, die nicht mehr ganz jungen Demoiselles Tatin zu umschmeicheln. Eines Abends hatten die amourösen Nachstellungen Stephanie wohl derart verwirrt, dass sie die Äpfel für ihre Nachspeise entgegen aller Gewohnheit ohne Teig in die Form gab und in den Ofen schob. Als sie die Form aus dem Ofen holte, bemerkte sie ihr Missgeschick. Um es zu vertuschen, breitete sie den Teig einfach nachträglich über die Äpfel, um den Kuchen sodann fertig zu backen. Schließlich stürzte sie den Inhalt auf eine Platte – et voilà, da lag sie: die »Tarte des Demoiselles Tatin«. In Paris vergaß allerdings später so mancher Koch die Herkunft des Rezepts und bot die Erfindung schnöde als »Tarte du chef« an.

Bildnachweis

Coverfotos:
Christian R. Schulz;
defd Deutscher Fernsehdienst
Porträtfotos:
Dr. Kai-Uwe Nielsen
Historische Fotos:
akg-images
Seite 65: StockFood/Susie Eising
Seite 69: Susie Eising